KB251922

삶의 마에스트로

"운명을 극복한 여섯 사람의 이야기"

삶의 마에스트로

초판인쇄 2013년 6월 25일
초판발행 2013년 6월 28일

지은이 루트비히 라이너스
옮긴이 오용록
펴낸이 박찬익
편집장 김려생
책임편집 김경옥

펴낸곳 **박이정**
주소 130-070 서울시 동대문구 용두동 129-162
전화 (02) 922-1192~3
팩스 (02) 928-4683
홈페이지 www.pjbook.com
이메일 pijbook@naver.com
등록 1991년 3월 12일 제1-1182호
ISBN 978-89-6292-429-9 (03300)

* 책값은 뒤표지에 있습니다.

삶의 마에스트로
Sorgenfibel

"운명을 극복한 여섯 사람의 이야기"

루트비히 라이너스 지음 · 오용록 옮김

도서출판 박이정

옮긴이 서문

정보기술 분야에 몸을 담고 있는 사람도 따라잡기 힘들 정도로 기술과 생활환경이 빠르게 바뀌고 있다. 그런데 아무리 기술이 첨단을 걷고 대중화되어도 세상살이에 따르는 불안과 고통은 오히려 더 심해지는 것같다. 막상 불행이라는 쓰나미가 덮치면 그 질곡에서 탈출하도록 도와줄 것 같은 어마어마한 지식과 정보체계도 별 도움이 안되는 경우가 많기 때문이다.

그런데도 우리의 밖에 있는 것, 즉 첨단이라 부르는 그것에 의존하면서 우리는 정작 중요한 것을 내팽개치고 사는 듯하다. 어떤 문제나 곤란한 일이 생기면 나 자신에게서 해답을 찾지 않고 먼저 인터넷을 뒤지고 스마트폰부터 만지작거리는 것이다. 자신의 체험과 독서를 통해 주위 사람들의 사례에서 배울 수 있는 것도 TV같은 매체를 거쳐야 비로소 삶의 문제라고 인식하고 그곳에 해결책이 있다고 생각하는 것이다.

그러나 우리가 그러한 정보기술에 매일수록 우리는 그것들에 길들여지고 또 자질구레한 정보에 헷갈려 핵심을 놓치게 되며, 심한 경우 그들은 우리를 단단히 포박해 더욱더 절망의 구렁텅이로 몰아넣기도 한다. 항상 로그인한 상태에서 살다보면 거미줄에 걸린 벌레처럼 더 외롭고 나약한 개인이 되는 것이다.

이러한 첨단기술과 어마어마한 지식정보사회의 틈바구니에서 감히 《삶의 마에스트로》라는 이름을 붙인 책을 낸다. 이 책의 저자 루트비히 라이너스는 학자이며 저술가이자 사업가이다. 젊은 나이에 제1차 세계대전을 겪고 법과 국가경제학을 공부해 두 분야에서 박사학위를 받았으며, 전후에는 증권대리인 및 사업가로 활약한 인물이다. 그러나 그는 관심과 지식을 경제적 영역에만 가두지 않고 자신의 지평을 역사와 문학 분야에까지 확대한다. 그의 폭넓은 독서와 삶에 대한 성찰, 부자와 상류층 사람들에 대한 관찰과 상담 경험이 버무려진 그의 책들은 영혼에 갈증을 느낀 현대인들에게 오랫동안 오아시스 구실을 해왔다.

이 책《삶의 마에스트로》를 출간하면서 수많은 젊은 독자들에게 이렇게 말해주고 싶다.

"휴대폰을 꺼라! 컴퓨터를 꺼라! TV도 꺼라! 그러면 스스로 느끼고 생각하는 매커니즘이 살아날 것이다."

2013년 6월

오용록

저자 서문

　이 책은 내 개인의 체험을 바탕으로 쓴 것이다. 지적인 세계를 고향처럼 여기고 산 사람이라고 모두 운명의 거센 바람이 피해가진 않는다. 그 역시 삶이 파괴되면 세상 지혜의 문을 두드리기 마련이다. 그 문을 열고 찾아낸 것을 여기에 한데 모아 보았다. 나도 마침 위로가 필요했던 참이었다. 논리적으로만 이러쿵저러쿵 하는 것은 별 소용이 없으며 그것이 실제 삶으로 구체화되거나 예술가의 손을 거쳤을 때에 우리에게 도움이 된다. 이 책의 각부 끝에 그들의 위대한 삶과 조언자들의 말을 실은 것은 바로 그런 이유 때문이다.

루트비히 라이너스

차례

1부

운명과의 관계

괴태

행복은 단순한 문제가 아니다. 우리 안에서 그것
을 찾기란 매우 어려우며 다른 곳에서 찾는 것은
불가능하다.

- 샹포르

괴테
Johann Wolfgang von Goethe(1749~1832)

프랑크푸르트 명문가의 집에서 태어났다. 일찍이 문학과 예술에 친숙한 환경에서 성장해 13세에 첫 시집을 낼 정도로 문학적 자질이 뛰어났다. 부친의 권유로 법학을 전공하고 20대 초반에 고향에서 변호사 개업을 하기도 했지만 문학적 관심과 활동은 그의 일생을 통해 이어진다.

1774년 소설 『젊은 베르터의 고통』(1774)을 발표하면서 독일을 넘어 세계적인 인기작가가 된다.

1775년 바이마르 공국의 카를 아우구스트 대공의 초청을 받아 인구 6천 명의 이 작은 공국에서 중요한 공직자가 된다. 그곳에서 그는 샤를로테 폰 슈타인 부인 등 당대 최고의 지식인들과 교우하게 된다. 그러나 10년간의 공직 생활을 멀리하고 1786년 9월 3일, 새벽 3시 도망치듯 이탈리아로 여행을 떠난다. 이때의 3년 동안의 이탈리아 여행은 괴테의 인생에 전환점이 된다.

이 기간 동안 많은 친구들을 잃었지만 대신 평생의 문학친구인 프리드리히 쉴러를 만나게 된다. 서로의 작품을 비평하고 창작을 격려하는 가운데 괴테는 다시 젊음을 되찾고 활력 있는 작가로 재탄생한다. 이 시기를 전후해 희곡 《타우리스 섬의 이피게니에》(1787), 《에흐몬트》(1788), 《타소》(1790)와 교양소설 《빌헬름 마이스터의 수업시대》(1796) 등이 쏟아져 나온다.

괴테는 1809년부터 사망할 때까지 20여 년간 비교적 평온한 삶 속에서 절정의 창작활동을 보여준다. 희곡 《파우스트》 1부(1808), 소설 《친화력》(1809), 자서전 《시와 진실》 1~3부(1811~1813), 기행문 《이탈리아 기행》(1816), 시집 《서동시집》(1816)과 《마리엔바트의 비가》(1823), 소설 《빌헬름 마이스터의 편력시대》(1829), 《시와 진실》 4부(1830) 등이 이때 쓰여졌다. 1825년 괴테는 《파우스트》 제2부의 집필을 시작하며 6년 후인 1831년에 탈고한다. 1832년 3월 22일, 괴테는 83세의 나이로 세상을 떠나, 바이마르 묘지의 쉴러 곁에 안장된다.

괴테는 정말 행복한 사람이었을까?

대다수 사람들은 아폴로처럼 잘 생긴 그의 모습을 보고 신의 사랑을 흠뻑 받은 사람으로 생각할 것이다. 과연 그는 부유한 명문집안 출신으로 어려서는 명랑하고 재능이 특출한 어머니의 사랑을 흠뻑 받고 자랐다. 열여섯 살에는 대학에 들어가자마자 사랑의 불장난에 빠졌는데 괴테의 경우 이것이 젊은 한때의 사건으로 그치지 않고 비슷한 일이 평생토록 이어진다.

스물네 살에 그는 희곡《괴츠 폰 베를리힝엔》으로 전 독일에 이름을 떨치고, 스물다섯 살에 발표한 소설《젊은 베르터의 고통》으로 세계적인 명성을 얻는다. 스물여섯 나이에 바이마르 공작의 친구가 되고 서른에는 재상의 지위에 오른다. 황제로부터 세습귀족으로 서임받고, 바이마르 공작에게서는 집 두 채를 하사받는다. 그뿐 아니라 출판인들에게서 엄청난 사례까지 들어온다. 이렇게 세상의 예언자는 바이마르에서 건강하고 만족스럽게 살다가 여든세 살에 고요히 죽음을 맞이한다.

그러나 지금까지 말한 것은 어디까지나 전설일 뿐, 사실은 이와 다르다. 그가 태어난 요람 옆에는 마귀들이 지키고 서 있었으며 내내 괴테를 떠나지 않았다. 그의 가족의 운명에는 어두운 그림자가 드리워져 있었다. 아버지의 동생은 일찍부터 지적장애아였고, 아버지는 노년에 정신착란 상태에 빠졌으며, 여동생은 심한 우울증에 시달리다가 일찍 세상을 떠났다. 괴테의 다섯 아이들 가운데 네 명은 태어나서 얼마 살지도 못하고 죽었다.

괴테의 건강이 평생토록 불안정했던 것은 이러한 조건과 관계 있는지도 모른다. 괴테의 아버지도 그를 어쩔 수 없는 약골이라고 불렀다. 열여덟 살에 그는 중한 폐질환 때문이었는지 심한 객혈을 했으며, 이 병을 극복하는 데 3년이 걸렸다.

스무 살에는 자신의 상태를 '병적'이라고 일컬으며 삶이 지겨워 자살을 계획하고 날카로운 칼을 구입한다. 그리하여 밤이면 그 칼을 천천히 가슴에 꽂을 수 있는지 의지력을 시험하곤 했다.

장년시절에는 하복부병과 심한 복통, 그리고 치질로 고통을 호소하였고, 쉰두 살 때에는 원인을 알 수 없는 전염병에 심하게 걸려 그의 아내는 어떻게 하면 그의 마지막 길을 편하게 해줄 수 있을까 궁리했다. 쉰여섯에는 의사에게서 세 번이나 가망이 없다는 말을 들었고, 예순넷에는 결코 살아나지 못할 거라는 말을 듣는 등 그가 여든셋까지 살리라고는 아무도 예상하지 못했다.

괴테의 병력을 보면 그가 매우 민감한 체질의 소유자임을 알 수 있다. 그는 커피와 차는 물론 담배도 즐기지 않았으며 오드 콜로뉴 향을 맡는 것만이 그의 유일한 낙이었다.

약을 먹어야 할 때 의사는 그에게 정상적인 양의 절반만 처방하였고 그는 날씨와 기압에 큰 영향을 받았다. 헤르더Johann Gottfried von Herder의 장례식에 비가 내렸을 때는 이런 날씨에 눈을 감은 헤르더가 부럽다고까지 했다.

괴테가 정말 잘생겼는지 아닌지에 대해서는 논란의 여지가 많다. 중년에 그의 허리둘레는 126cm나 되었는데, 그의 손님 중 한 사람은 그를 보고 그가 너무 초라해 보였으며 프랑크푸르트 와인장수같다고 말하기도 했다.

그의 여자 관계에 대해서도 잘못 알려진 것이 많으며, 연애가 그에게 일상적인 의미의 행복을 준 적은 별로 없었다. 샬로테 부프Charlotte Buff나 릴리 쇠네만Lili Schönemann, 그리고 민헨 해르츠립Minchen Herzlieb, 마리안네 폰 빌레머Marianne von Willemer, 울리케 폰 레베초브Ulrike von Levetzow와도 육체관계를 맺은 적은 없었으며 이 모든 체험들은 갑작스러운 도피로 끝났다. 괴테는 연애 박사가 아니라 이별의 달인이었던 것이다. 토마스 만은 금욕Entsagung이 괴테의 삶의 바탕을 이루고 있다고 지적한다.

그의 공직 생활도 도피로 끝났다. 관직을 수행하는 데에 그는 많은 시간을 빼앗겼으며 예민한 성격 때문에 큰 부담을 느꼈다. 그의 일기에는 "토아스의 왕은 굶어 죽은 양말제조공이

한 사람도 없다는 듯이 말하겠지", "불굴의 인내", "냉정하게 참고 견딤"이란 말들이 자주 나온다. 어느 날 그는 휴가도 내지 않고 알프스 너머로 도피하여 로마에 도착해서야 편지로 자신이 어디에 머물고 있는지 알렸던 것이다.

그는 대문호로 알려져 있지만 그의 소설『젊은 베르터의 고통』이후로는 성공한 책이 없었으며,『이피기니』는 19권만 팔렸다. 일반 독자들은 지루한 괴테보다는 리날도 리날디니Rinaldo Rinaldini라는 도둑 두목을 작품 주인공으로 만들어 낸 그의 처남 불피우스Vulpius의 작품을 훨씬 더 좋아했다. 그럴싸하게 드러낼 성과가 없는 판인데 종종 운명까지 그에게 심술을 부려 그가 스스로 세운 계획을 시행하지 못하도록 방해했다.

"그의 삶을 놓고 초인적이라 할 수도 있지만 실제로는 미완성에 머물렀다."

- 토마스 만

이제 여러 가지 걱정과 실망으로 얼룩진 그의 행적은 제쳐두고 그의 죄의식에 대해서 알아보자. 우리는 아주 친한 친구라도 한 인간을 짓누르는 죄책감에 대해서는 잘 알지 못한다. 괴테의 경우도 마찬가지로 우리는 그저 짐작만 할 뿐이다. 괴테가 슈트라스부르크 시절에 쓴 편지들로 미루어 다음과 같은 추론이 가능하다.

　제젠하임 목사의 딸 프리데리케 브리옹Friderike Brion은 그의 아이를 임신했지만 괴테가 손을 써서 아이가 세상에 나올 수 없게 했다. 그 당시 낙태는 프랑스 법으로는 사형까지 선고할 수 있는 범죄였다. 『파우스트』의 그레첸의 비극은 여기에 그 뿌리를 두고 있는지도 모른다. 이것이 괴테의 참모습이다.

　괴테의 추종자 에커만Eckermann이 그를 두고 "조화로운 올림포스 신"이라고 말하는 것을 듣고(이 개념은 그의 비서인 에커만이 만들어냈다), 괴테는 시큰둥하게 "내 자신이 그렇게 조화롭게 보였으면 싶네." 하고 말했다. 그의 운명과 의지가 그에게 부여한 엄청난 수양을 통해 불같은 청년이 삶의 대가로 만들어진 것이다.

　회고록을 쓰면서 그는 "고생하지 않은 사람은 교육되지 않는다."라는 그리스 시인의 말을 좌우명으로 선택한다. 그는 젊은 시절에 고생하는 것을 두려워하지 않았다. 그는 자신의 과민성을 한탄하기보다는 단련의 기회로 삼았다.

　슈트라스부르크에서는 현기증을 극복하려고 대성당에서 밖이 내려다 보이는 곳에 올라갔으며 역겨운 것에 대한 거부감을 물리치기 위해 규칙적으로 해부실에 가고, 밤에 공원묘지를 거닐었으며 북치는 군인들을 따라 행진하기도 했다. 재상이 되어서도 한뎃잠을 즐겼으며 60대에 이르러서도 딱딱한 야영 침대를 마다하지 않았다.

"호사스러운 집은 나를 게으르고 빈둥거리게 한다. 편안한 가구
는 내 사고를 가로막는다."

그는 자신의 혼란스러운 마음을 매우 질서 있는 생활로 다
잡으려고 했다. 외아들이 죽자 그는 서류 겉장을 집어 들고 그
곳에 "아우구스트의 죽음에 관한 서류"라고 적는다. 그에게 일
의 어려움은 축복이기도 했다. 바이마르 공국에서 공무에 파묻
혀 허우적거릴 때의 일기에는 다음과 같이 적혀 있다.

"업무로 인한 압박감은 정신에 매우 좋다. 정신적인 부담이 사
라지면 한결 자유로워지고 삶도 즐겁다. 아무 일도 없이 편안하
게 지내는 사람만큼 불쌍한 사람은 없다. 아무리 귀한 것이라도
싫증이 날 것이다."

괴테는 삶의 고통을 장애로 보지 않고 사람살이의 필수 요
소라고 생각했다. 한 여자 친구가 그에게 행복하냐고 묻자 그
는 이렇게 대답했다.

"그래요. 난 행복해요. 행복하지 않을 때라도 기쁨과 고통에 대
한 심오한 감정만큼은 내 안에 존재하지요."

밀러 수상이 40년이 지나 똑같은 질문을 하자 그는 이렇게
대답했다.

"문제는 행복한지 아닌지가 아닙니다. 정말 중요한 것은 삶 그 자
체이지요. 나는 속물처럼 뭘 기대하거나 두려워하고 싶지 않아요."

이 견해는 그의 기질과 깊은 관련이 있다. 특정한 목표를 향
한 노력이나 어떤 목적에 끌려가는 것이 아니라 하나의 뿌리
에서 성장하는 것이 그의 삶이었다. 그가 종종 말한 바처럼 그
에게는 삶의 결과가 아니라 삶 자체가 중요했다. 그렇기에 그
는 삶의 다채로움을 축복으로, 고통과 실수를 불가피한 우회
로라고 생각했다.

"지금이라면 하고 싶지 않은 일을 여러 번 했다. 하지만 내가 그
런 일을 하지 않았다면 꼭 필요한 좋은 일들도 생기지 않았을
것이다."

욕망의 억제는 고통이 아니라 수양이었다.

"제약을 일찍 경험한 사람은 순탄하게 자유에 이른다. 그러나 이
것에 늦게 맞닥뜨린 사람은 쓰디쓴 자유만을 얻을 뿐이다."

시저Julius Caesar는 이 세상의 행복이나 악을 잘 알았던 것이 그에게 상당한 힘이 되었다고 한다. 괴테 역시 인생 전체에 깃든 교육적 가치를 믿었다.

"과오를 저지르지 않게 하기보다는 잘못을 저지른 자를 이끌어 주는 것이 교육자가 할 일이다. 그가 오류를 실컷 즐기며 남김 없이 마시도록 해주어야 하는 것이다."

괴테는 이런 말도 했다.

"어렸을 때 어리석은 장난을 치고 그러면서 호되게 맞아보지 않으면 늘그막에 무슨 명상거리가 있겠는가?"

그리고 마지막으로 괴테는 삶의 고통에서 필수적인 배경을 보았다. 그것을 바탕으로 멋진 시절이 두드러져 보일 수 있는 것이다.

숨쉬기에는 두 가지 은혜가 있다.
숨을 들이쉬고, 내쉬는 것.
들숨은 힘이 들고, 날숨은 시원하다.
삶에는 이런 것이 멋지게 섞여 있다.
신이 너를 억누르면 감사하라.
그가 너를 다시 풀어줘도 감사하라.

고통과 즐거움을 하나로 받아들여라

사람살이에서 벌어지는 일은 항상 인간의 의식 속에서, 그리고 이 의식과 맞물려 일어나기 때문에 바로 의식 상태가 중요하며 그 속에서 드러나는 형상들보다 결정적인 경우가 대부분이다. 멍텅구리의 흐릿한 의식에 비친 온갖 화려함과 즐거움도 불편한 감옥에서 돈키호테를 쓸 때의 세르반테스의 의식에 비하면 초라하기 그지없다.

- 쇼펜하우어

대다수 사람들은 인생의 아마추어이다.

그들은 운명에 대해 괴테와 아주 다른 견해를 갖고 있다. 그들은 속좁게도 쾌락을 추구하고 즐겁지 않은 일은 피하는 것이 삶의 지혜라고 생각한다. 그들의 손에서는 모든 것이 '수단'이 된다.

직업은 돈을 벌기 위한 수단이고, 모임은 관계를 맺기 위한 수단이며, 살림은 남에게 깊은 인상을 주기 위한 수단이며, 휴식은 손상된 건강을 다시 회복하는 데에 필요할 뿐이다. 시간은 금이고 아는 것은 힘이다. 이렇게 시간과 지식이 수단이 되어 그 고유의 가치가 없어진다. 자기 자신을 위해 하는 일, 정작 자신에게 만족을 주는 것은 아무 것도 없으며 모든 것이 다른 것에 쓸모가 있어야만 한다.

내일을 위해 오늘을 희생하는 일이 끊임없이 되풀이된다. 그래서 마침내 풍요와 명성이라는 환상의 목적지에 이르지만 여기에 도달할 때마다 그만큼 그 허상 또한 녹아 없어지기 마련이다.

고난은 불공평한 괴롭힘이다. 지난날의 불행이 계속 생각나면 자학적인 쾌락을 통해 세상의 부당함에 몸을 맡긴 채 "만약 그때 그렇게 하지 않고 ……"라고 하며 새로운 생각을 계속 하게 된다. 현재의 고통이 이웃사람들에게 장황스레 펼쳐진다. 미래의 고통과 근심 걱정이 송두리째 사고의 지평을 바꿔 놓으며 그에 대한 대비책이 차곡차곡 쌓인다. 이렇게 온갖 노력과 수단을 다 쏟아 부었지만 헛된 짓거리다. 직업적으로 쾌락을 찾는 사람에게는 늘 불만스럽기 때문이다. 삶에는 넓은 길과 파멸로 가는 길 두 길이 있다.

이 문제를 제대로 이해하기 위해 잠깐 시간을 내어 독일어의 허술한 점을 살펴보도록 하자. 다른 언어와 달리 독일어는

한 단어 glücklich로 아주 상이한 두 개념을 표현한다. 복을 타고 난 사람을 일컬을 때 라틴어로는 felix, 영어로는 lucky라고 한다. 자신의 운명에 만족하는 사람을 이탈리아 사람들은 beatus, 영국인들은 happy라고 부른다. 복 많은 인간 homo felix가 곧 행복한 인간 homo beatus라고 생각할 이탈리아 사람은 아무도 없을 것이다. 그러나 독일어에서는 glücklich를 이중적인 의미로 사용함으로써 운명의 혜택이 내적인 만족과 같은 것으로 생각하게 하는 것이다.

하지만 인생에서 엄청난 '복'을 받고도 오히려 그 때문에 내적인 '행복'을 얻지 못한 사람이 많았다는 사실을 우리는 경험으로 안다.

나는 스무 명이 넘는 큰 부자들을 알고 있다. 그들에게는 대저택과 정원, 공장, 보석으로 치장한 여자들이 있었지만 만족감을 지닌 사람은 아무도 없었다. 또 이처럼 어마어마한 재산과 명성이 자자한 '저명인사들' 가운데서 항상 마음의 평화를 찾으려고 애쓰는 사람은 드물었다. 이들은 신문에 사흘 동안 자신의 이름이 나오지 않으면 자신의 이름이 한 번도 신문에 난 적이 없는 사람들보다 훨씬 불만스러워했다. 복 많은 세계 최고의 지배자 아우구스투스 황제가 가장 간절히 바랐던 것은 은퇴하여 개인 생활을 누리는 것이었다.

  '마음의 행복'은 운명의 과정보다 개인의 성격Individualitaet과
더 큰 관련이 있다. 이것은 아주 확실한 경험에서 우러나온 금
언으로, 인간의 만족감은 본인이 무엇을 갖고 있고 무슨 가치
가 있는지보다 그가 누구인지에 좌우되며 부와 명성보다 건강
과 기질, 그리고 재능에 더 많은 영향을 받는다. 그런 까닭에
성직자와 학자들이 기업의 이사나 정치가들보다 평균적으로
더 행복하게 산다. 그러나 이런 단순한 사실에서 실질적인 결
론을 내는 것을 우습게 여기는 사람들이 아주 많다.

  우리의 능력이 욕구와 일치하고 우리의 욕심이 우리가 마음
대로 쓸 수 있는 재산보다 크지 않으면 우리는 만족한다. 이런
조화를 이루는 데는 두 가지 방법이 있다. 재물을 늘리거나 우
리의 욕심을 줄여보는 것이다.

  재산을 늘리기는 쉽지 않다. 대개의 경우 우리가 이 세상에
서 쓸 수 있는 재물은 한정되어 있으며 그나마도 거저 생기지

않는다. 이 세상에는 모든 것에 치러야 할 값이 있기 때문이다. 세상에서 재물을 소유하는 즐거움에는 그것을 지키기 위한 싸움과 걱정이라는 대가를 지불해야 하며, 명성을 누리는 데는 적들의 미움을 감수해야 한다. 사랑의 기쁨에는 의혹과 이별, 그리고 개성이 다른 두 사람의 결합에는 인간적 한계로 인한 고통이 따르기 마련이다. 아이들을 키우는 기쁨은 우리의 걱정을 먹고 살며 여자는 출산의 환희를 누리기 전에 고통부터 맛보아야 한다.

해마다 세계 일주 여행을 하고도 남을 만큼 많은 성과를 올린 회사의 사장들이 있다고 하자. 하지만 그런 사람들 가운데에도 주말에 바깥 나들이할 시간이 없고 나들이를 할 때도 한 사코 걱정거리나 일거리를 갖고 가서 독일에서 가장 높은 추크슈피체 산에서 절경을 눈앞에 두고도 머릿속으로 빈틈 없고 유리한 계약을 구상하는 사람들이 있다. 당연히 사업의 이익은 돈으로만 환산될 뿐 행복으로 바뀌는 일은 평생토록 일어나지 않는다.

세상 재물은 시기할 만큼 가치 있는 것이 아니며 우리가 간구할만큼 힘을 발휘하는 것도 아니다. 어떤 재물이라도 오랫동안 소유하면 무덤덤해지며 마력을 잃어버린다. 재산에 무감각해지는 것이다. 언젠가 하르낙Harnack이 이런 멋진 역설을 말한 적이 있다.

“우리가 열망하는 것은 소유이다. 우리가 소유한 것은 사라진
것이나 다름없다.”

그렇다. 세상의 부는 우리가 기대하는 것만큼 기쁨을 주지
않는다. 부는 바닷물과 같아서 마시면 마실수록 더 목마르다.
한 마디로 이 세상에 영구적인 소유는 없다. 가진 것이 많을수
록 그만큼 운명이 공격할 수 있는 약점도 크다. 행운아라도 운
명의 시샘을 받기 마련이다. 클라우스 마티아스의 글에는 이
런 인생의 기본 경험이 잘 나타나 있다.

“재능과 재주가 넘치고 많은 재물을 소유한 솔로몬 같은 사람
을 떠올려 보십시오. 그는 사람에게 좋다는 것은 무엇이든 다
얻고 즐기고 해볼 수 있었지요. 그 스스로도 모든 것을 누리고
해보았다고 했습니다. 그런 그가 ‘나는 이것도 해보고 저것도
해보았다. 건물을 짓고 포도원을 가꾸기도 했으며 온갖 정원과
놀이공원을 만들고 남녀종들을 거느렸으며 금과 은을 모으고
남녀 가인들을 두고 잔치를 벌였지만 전혀 기쁨이 일지 않았다.
자, 보라. 모든 게 덧없는 짓이었다’라고 하니 놀랄만한 일이지요.
　그 덕분에 우리는 많은 헛수고를 하지 않아도 될 것 같습니
다. 당신은 왕의 최측근인 헌작 시종이나 최고 제빵사 등 이런
저런 사람이 되려고 합니다만 그럼으로써 당신의 삶을 걱정과
불만에 빠뜨리지요. 그런데 솔로몬은 헌작 시종이나 최고 제빵
사보다 더 대단한 인물이었지요. 그는 이스라엘의 왕이었지만
그것이 그의 행복에 도움이 되지는 않았습니다.

그런데 어찌 당신에게 도움이 되겠습니까? 그러니 즐거워하고 너그러운 마음으로 다른 사람이 최고 제빵사가 되게 하십시오. 영지나 귀한 마호가니 나무로 만든 탁자 따위를 갖고 싶습니까? 다 어슷비슷한 것이지요. 마호가니 탁자를 원하면 그것 때문에 잠을 못자고 이런저런 생각과 걱정을 하며 책상과 함께 이루 말할 수 없는 기쁨이 집에 들어올 거라고 생각하겠지요. 자 보세요! 솔로몬은 마호가니로 둘러싸여 살았습니다. 탁자, 벽받침, 삼각장, 장롱, 방바닥과 계단 — 모두가 마호가니로 만든 것이었습니다. 이 아름다운 마호가니 물건들도 다 소용이 없는데 달랑 탁자 하나 가지고 무엇을 하겠는가?

그러니 즐거워하고 삶을 짜증나게 만들지 마십시오. 마호가니 식탁과 최고 제빵사 지위가 당신 눈앞에 먹음직스럽게 떠다니겠지만 말입니다."

그렇다면 이 모든 것에서 결론은 무엇인가? 마호가니 테이블과 최고 제빵사 지위가 우리에게 만족을 가져다줄 수 없음을 제대로 인식한다고 우리의 욕망을 억누를 수 있는가? 우리의 운명만큼이나 우리의 성격도 확고부동하지 않은가? 우리의 욕구는 우리의 의지에 좌우되며 성향, 습관, 그리고 환경에 따라 정해지지 않는가? 이런 가정은 매우 위험하지만 다행히도 쉽게 반박할 수 있다.

인간의 욕심이 매우 다양하며 같은 사람의 경우에도 시간에 따라 아주 다르게 나타나는 것을 보면 인간적인 욕심이 영원 불변하다고 말하기는 어렵다. 수년 전 베를린에서 큰 손실을 입어 연금 50,000마르크밖에 남지 않았다는 이유로 한 유명한 은행가가 권총 자살한 일이 있었다. 몇 푼 안되는 돈으로는 살 수 없다고 생각했던 것이다(이 책은 1948년에 처음 발간되었으며 당시의 50,000마르크는 지금과 비교할 수 없이 큰 가치가 있었다.-역자).

베드로와 편자(말발굽에 대어 붙이는 'U'자 모양의 쇳조각) 이야기도 있다. 어느날 아침 베드로가 길을 가는데 바닥에 쇳조각이 떨어져 있는 것이 보였다. 예수께서 그에게 그것을 주우라고 했지만 그는 하찮은 것 때문에 허리 굽히는 것이 싫어 못들은 척 했다. 그러자 예수님은 아무 말씀도 하지 않고 편자를 집으셨다. 한낮이 되어서 시내에 이르렀고 예수님은 한 대장장이에게 가서 편자를 팔고 그것으로 버찌를 사서 들고 가셨다. 다시 시내를 벗어나 햇볕이 쨍쨍 비치는 들판에 이르자 모두들 목이 탔다. 예수님이 앞서가며 버찌 한 알을 슬쩍 흘리자 그 뒤를 따르던 베드로가 주워 먹었는데 그야말로 꿀맛 같았다. 그리하여 베드로는 버찌를 주우려고 열두 번이나 허리를 굽혀야 했다.

프랑스 샹파뉴 지역에서 적군의 포화에 휩싸였을 때 괴테는 만일 거기서 살아 나간다면 세 가지에 대해서는 결코 화를 내지 않겠다고 다짐했다. 첫째 난로에서 연기가 나고, 둘째 이웃

집 지붕의 합각머리가 전망을 가리고, 셋째 ……. 그러나 집으로 돌아오자 괴테는 셋째 것을 잊어버렸다.

여러분은 큰 걱정이 작은 걱정을 잡아먹는 경험을 해봤을 것이다. 이 또한 욕심이 덧없다는 증거이다. 오늘 우리를 괴롭히는 일이 많은 판에 큰 근심거리가 나타나면서 다른 것들이 별것 아니게 보이는가 하면, 반대로 갑자기 사소한 불편이 심한 고통거리가 되기도 한다. 우리의 욕구는 시간과 상황에 따라 항상 변할 수 있는 것이다. 우리의 의지라고 그리 되지 말란 법이 있을까?

그러니까 결국 우리는 단념하는 법을 배워야 한다는 말이 아닌가? 모든 세상의 지혜는 다음과 같은 스토아학파의 글에 귀결될 수 있을 것이다.

"소유하지 않아 불행한 것이 아니라 소유욕이 불행하게 한다."

이런 말을 믿을 만큼 어리석은 사람이 있을까? 포기를 결심하는 것만으로는 소용이 없다. 조금 더 파고들어야 한다.

우리가 경험에서 배운다는 것, 경험이 우리의 다음 태도에 영향을 준다는 것은 아무도 부인하지 않는다. 경험이 가장 훌륭한 선생이긴 하지만 엄청난 수업료를 내야 한다. 다른 사람들의 경험에서 배우는 것이 더 싸다. 하지만 삶의 경험을 가르치려면 단순한 지식을 전달하는 것보다 할일이 더 많다. 지식은 사람을 옷처럼 감싸주기는 하지만 변화시키진 않는다. 지식은 녹아서 우리 자신과 하나가 될 때, 우리의 가치관을 바꿀 때, 무의식으로 가라앉을 때 인식이 된다. 그래야만 지식이 세계관으로 주저앉지 않고 생활양식이 된다.

여기서 어떤 인식이 우리에게 유용할까? 우리는 방금 우리가 말했던 경험들을 출발점으로 삼아야 한다.

이 세상 재물은 행복의 원료이지 행복 그 자체는 아니다. 재물이 많이 쌓여 있는 것이 만족의 필요충분조건은 아니다. 1×1이 1인 것처럼 이런 사실을 사람들이 보편적으로 인식하고 있어야 한다. 그러나 만족감의 원수인 시기심은 이런 사실을 끊임없이 감춘다. 세상사의 뒷면을 조금 보기만 해도 손바닥처럼 빤히 알 수 있는데도 불구하고 시기질투가 대부분 잘못이라는 지혜를 60세 전에 배우는 사람은 많지 않다.

인기가 한창인 명배우가 아침에 떨리는 손으로 신문을 펼쳤다가 다른 배우를 조금이라도 칭찬하는 글을 보면 자신에 대해 온갖 찬사들이 같이 실려 있어도 심사가 뒤틀리는 것은 인간의 시기심 때문이다. 요리사가 고급 만찬을 마련하면서 마지막 과정에 딜 소스를 너무 많이 넣어 음식 맛을 망쳐버리는 경우, 전직 고위 관료가 푸른 독수리 표창에서 더 영광스러운 휘장을 받지 못하고 훈장을 받고 쓸개가 막힐 정도로 앓은 경우, 아침에 테니스장에서 두 번에 한 번 꼴로 서브 실수를 한 것 때문에 남부러울 것 없는 백만장자가 귀한 포르스터 키르헨슈튁 포도주를 맛없이 마시는 경우도 있다. 시기는 잘못된 것이다.

행복도 비만을 겪는다. 운명의 신의 뜻에 따라 고통의 학교를 면제받은 사람은 차츰 싫증과 무기력, 그리고 불면에 빠진다. 늘 행운 속에 묻혀 살면 우리 안의 동력이 멈춰버린다. 모든 행복감은 우리의 힘이 가동될 때 솟아나기 때문이다. 행운은 우리 존재의 그루터기를 파먹으며 고난은 사람을 단련시킨다.

프랑스 혁명기에 많은 상류층 병자들이 다시 건강해졌다. 고난은 우리가 편협한 주관에 갇혀 마비되는 것을 막아주고 우리의 삶을 바꾼다. 특히 젊은 시절의 가난은 무욕과 수양의 배움터이다. 무욕은 예속되지 않음, 유연성, 우월함을 뜻한다.

스토아학파의 시조인 철학자 제논은 자신의 전 재산이 실린 배가 침몰했다는 소식을 듣자,

"운명이 내가 잘 되라고, 내가 아무 데도 매이지 않고 철학하라고 그랬군."

하고 말했다. 이어 2000년 뒤 괴테는 《친화력》에서

"우리는 오직 고통 속에서 강한 참을성을 제대로 경험한다."

라고 했다.

다른 견해도 있다. 고통에 들어 있는 축복이 새로운 고통을 단련시키는 의미만 있다면 우리는 그것을 포기해도 좋을 것이다. 그 가치를 긍정적으로 평가하려고 하니 한 가족의 이야기가 떠오른다.

아이들이 간유 한 숟갈을 먹을 때마다 부모가 아이들 저금통에 10페니히를 넣어준다. 저금통이 가득 차면 그것으로 새 간유 한 병을 사는 집의 이야기 말이다.

그러나 이런 반대 의견은 잘못된 것이다. 고통은 새로운 고통에 대항할 힘을 키워줄뿐 아니라 우리의 내적인 삶 전체를 넓히고 강화한다. 인간은 장해에 부대끼며 성장하는 것이다.

“나는 종종 다른 때보다도 내가 가장 힘들었던 시절의 덕을 보고 있지 않나 하고 스스로 묻는다. 아모르 파티Amor Fati(운명에 대한 사랑이라는 뜻), 이것이 내 본연의 자세이다. 또 건강보다 오랜 병환에서 훨씬 많은 덕을 입고 있다. … 우리를 생나무로 태우는 것처럼 오랜 시간에 걸쳐 서서히 찾아오는, 그 심한 고통 때문에 우리 철학자들은 마지막 심연으로 내려가야 한다. … 그런 고통이 향상을 가져오는지는 확실하지 않지만 우리를 심화시키는 것은 분명하다.”

- 니체

고대 철학에서는 불행에 처해 용기를 내야 할 때가 오면 의식적으로 용기를 즐겨야 한다는 생각이 끊임없이 나타났다. 우리는 우리들의 능력을 활성화하는 데서 만족감이 생기며 불행한 가운데 흔들리지 않고 고귀한 재능을 발휘할 때 엄청난 행복감을 맛볼 수 있는 것이다. 제논이 세상을 떠난 지 수백 년이 지나 그의 제자 가운데 하나인 마르쿠스 아우렐리우스 황제(121~180)는 게르만 족의 무기가 덜거덕거리는 소리가 들리는 도나우 강가의 전장에 나가 있었다. 그는 전쟁 중에도 일기를 썼는데 거기에는 다음과 같은 내용이 적혀 있었다.

“‘이런 일이 내게 생겼지만 태평스러울 수 있으니 나는 행복한 사람이구나’하고 말해야지 ‘하필 이런 일이 내게 일어나다니, 나는 불행한 놈이구나’라고 말해서는 안된다.”

고통을 겪은 사람은 행복을 더 잘 받아들일 수 있다. 춥고 음산한 겨울밤 문지방을 넘어 들어갈 때에 방의 훈훈한 온기를 흠뻑 느낄 수 있다. 입맛이 까다로운 사람이 마시는 샴페인 한 잔보다 목마른 사람이 마시는 물 한 모금이 훨씬 맛있다.

지칠 대로 지친 사람은 잠에서, 정처 없이 떠돌아다닌 사람은 가정의 평화에서, 외로운 사람은 인정에서 원기를 얻는다. 폭풍으로 가진 것을 다 잃고 피난민이 되어 곤경에 처한 사람은 옛날에 님펜부르크 성에서 성찬을 기다릴 때보다 지금의 값싼 커피 배급이 더 반가울 것이다.

인간의 본성은 똑같은 상태가 그대로 지속되는 것보다는 변화를 훨씬 강하게 느낀다. 선의 가치에 대한 우리의 감각을 생생히 유지하는 길은 하나뿐이다. 일단 마음을 모질게 먹고 없는 것을 참고 견뎌야 한다. 한 번도 불행한 적이 없는 것이 곧 불행이다.

"고통을 겪지 않은 사람이 무엇을 알까?"

- 하인리히 조이제

고통을 겪지 않은 사람이 무엇을 알까?

무엇보다 다른 사람의 불행을 어찌 알겠는가! 그런 사람은 함부로 이웃 사람의 일을 침해하고, 길가에서 간절히 도와주길 기다리는 사람을 가볍게 지나치는데. 몸소 굴욕을 겪어본 사람이 권력을 조심스럽게 쓰는 법을 배우며 궁핍하게 산 사람이 나눌 줄도 알고 사랑에 굶주린 사람이 사랑을 나타낼 줄 안다. 고난이 우리의 인정과 공감을 일깨워줌으로써 우리는 더 풍요로워진다. 자신만을 생각하며 사는 사람은 영원히 만족하지 못하며 다른 사람들 속에 함께 묻혀 살 때에 우리의 삶에 충족감이 생긴다.

이렇게 고난은 우리를 더 강하고 행복감과 공감을 더 잘 느끼는 사람으로 만든다. 오직 우리가 고난을 잘 받아들일 때에

이런 큰 축복이 따른다.

　세 가지 조언을 하겠다. 모든 것은 이것에 달려 있다. 첫 번째 충고는 간단하다. 고통에 빠져 뒹구는 것처럼 어리석은 짓은 없다는 것이다. 자기연민에 빠져 있는 사람은 현실을 보는 안목이 흐려지고 자신의 고통을 다른 사람에게 한탄하는 사람은 체면만 깎인다. 우리의 정신이 불행의 고통스러운 쪽으로 빠져들 때마다 우리는 생각을 즉시 다른 데로 돌려야 한다. 정신 전환에 대해서는 제5부에서 다룬다.

　두 번째 요령은 큰 불행이 닥칠 때마다 거기서 바꿀 수 있는 것과 바꿀 수 없어 참고 견뎌야 하는 것을 명확하게 나누는 것이다. 어쩔 수 없는 것을 놓고 '다르게 될 수도 있었는데'라는 생각을 한 순간도 허용해선 안된다. 그런 생각을 해봐야 쓸데없는 후회만 쌓여 괴로울 뿐이다. 현실은 가정법으로 굴러가지 않는다.

　그렇다. 우리는 바꿀 수 없는 것을 받아들여야 할 뿐 아니라 마음으로도 긍정해야 한다. 책을 읽을 때 처음부터 불신을 갖고 펼치지 않고 당분간 믿으면서 설명을 따라갈 때에 책을 제대로 이해할 수 있는데, 마찬가지로 고통이 우리의 인생행로에 의미가 있을 것이라는 믿음을 지니고 있을 때에 고통은 비로소 우리 안에서 열매를 맺을 수 있는 것이다. 마르쿠스 아우렐리우스가 말한다.

"우리는 우리에게 닥치는 일은 무엇이든 온 마음으로 환영해야 한다. 속으로 투덜대지 말 것이며, 무엇보다 놀라지 말아야 한다."

아들을 잃었을 때 괴테는 카를 프리드리히 첼터Carl Friedrich Zelter에게 이렇게 썼다.

"큰 피해가 생기면 곧바로 우리가 할 수 있는 일이 무엇이고 보존할 수 있는 것이 무엇인지 살펴보아야 한다."

세 번째 요령은 조금 어렵다. 이것은 경험에 기초한 심리학적 원리를 잘 알았을 때에 비로소 고난을 긍정적으로 볼 수 있기 때문이다. 드러내놓고 또는 소리없이 자신에게 '내가 인생에서 기대할 게 뭐가 있는가?'하고 줄곧 물어대는 사람은 결코 만족감에 이를 수 없다는 것을 우리는 경험으로 안다. 이와는 반대로 '내가 인생에 무엇을 할 수 있는가' 묻고 아침마다 평생의 사업에 몰두하는 사람은 밤에 행복하게 잠자리에 든다.

"행복을 찾는 사람은 인생을 발견하지 못할 것이다. 그러나 인생을 찾은 사람은 행복으로 가득하다."

- 요한네스 뮐러

괴테가 한 친구에게 쓴 편지에는 다음과 같이 적혀 있다.

"인생은 그 자체가 행복이다. 우리는 그것을 고통과 즐거움으로 나눠서는 아니되며 전체를 하나로 받아들여야 한다. 삶의 목적 은 삶이다."

인식만으로는 충분하지 않다. 모든 배움의 바탕은 익힘이 다. 예컨대 자전거 타기, 영어 또는 체스를 배울 때를 떠올려 보자. 첫날에는 결코 목적을 달성할 수 없을 것같아 막막하지 만 마지막 날에는 모든 게 익숙해진 경험이 있을 것이다. 잠들 기 연습부터 세상에 대한 확신을 갖기까지 근심의 극복 기술 도 끊임없는 연습이 필요하며 이 경우에도 연습은 처음에 불 가능해 보이는 일을 해낼 수 있도록 해준다.

"학생에게 검을 쥐는 법, 피라드 방어와 찌르기 방법을 보여준 다. 하지만 아무리 잘하려고 해도 그는 마음과는 달리 곧 실수 를 하며 격렬한 싸움과 재빨리 점수를 확인하는 과정에 배운 것을 지키기가 불가능하다고 생각한다. 그럼에도 그는 배운다. 연습을 통해, 발을 헛딛어 비틀거리고, 넘어지고 일어나며 배운 다. … 그리하여 결국 예의 모르는 시골뜨기가 궁정 신하가 되 고, 불같은 사람이 세련된 신사로, 외향적인 사람이 내향적으로, 고상한 인간이 냉소적으로 된다."

- 쇼펜하우어

심한 불행은 인식이나 연습만으로는 대처하기가 힘들다. 이 때는 시간이라는 훌륭한 동맹자가 필요하다. 초기에 닥치는 고통에는 어떤 것도 도움이 되지 않는다. 흔히들 철학이 눈물을 닦아준 적은 없다고 말한다. 사실이다. 처음 충격 때 흘렸던 눈물이 마르고 요란한 고통의 자리에 조용한 원망이 들어서면 철학이 활동할 수 있다. 그러면 인식과 연습도 불행을 훨씬 뛰어넘는 능력을 드러낼 수 있다.

당신을 위한 위로의 경구

나는 하느님께 감사하며
성탄절을 맞는 어린애처럼 즐겁다.
내가 이렇게 살고 있다는 것이!
그리고 너를, 사람다운 얼굴을 지니고 있고

해와 산과 바다,
잎과 풀을
그리고 저녁에 별무리 가운데
달이 걷는 것을 볼 수 있다는 것이.

게다가 어린애가 되어
그리스도께서 선물하신 것을
가서 보는 기분이라니,
아멘.

나는 하느님께 현악을 바쳐
내가 왕이 되지 않은 것에 대해 감사한다.
그렇지 않으면 많은 아첨을 받고
타락했을지도 모른다.
또 나는 그분께

내가 이 땅에서 큰 부자가 아니고
또 그렇게 되지도 않으리라는 것에 대해
진심으로 찬미한다.
명예와 부는 불안과 거만을 키우고
여러 가지 위험을 안고 있기 때문이다.
전에는 올곧은 사람이었다가
마음이 뒤틀려진 사람도 많다.

돈과 재물로
많은 것을 얻을 수 있지만
건강, 잠 그리고 기개는
얻을 수가 없다.

누가 뭐라든!
이것이 바로 정당한 보수이고 축복이다!
그러니 나는 많은 돈 때문에
심한 고생을 하지 않으련다.
하느님,
제 삶에 필요한 날들만 주십시오.
그분께서 지붕 위의 참새에게도 주시는데
나에게 안 주실 리가 있겠는가!

- 마티아스 클라우디우스

넘치는 부는 우리를 행복하게 하지 못한다. 정신 수양과 지식을 갖추지 못하고 그로 인해 지적 활동의 전제가 되는 주된 관심이 없는 부자들은 거의가 자신을 불행하다고 느낀다. 재화는 현실적·본능적 욕구를 만족시킬 수 있지만, 그러나 그뿐 정작 우리가 바라는 편안감에는 별로 도움이 되지 못한다.

큰 재산을 유지하는 데는 온갖 근심걱정이 끊이지 않아 큰 부는 오히려 행복에 방해가 된다. 그럼에도 사람들은 정신 수양보다 부를 획득하기 위해 천 배의 수고를 아끼지 않는다. 어떤 사람이냐가 무엇을 가졌는가보다 우리의 행복에 더 중요한데도 말이다. 그런데도 지금 가진 재산을 더 늘리려고 아침부터 밤까지 개미처럼 쉬지 않고 바쁘게 애쓰는 사람들이 있다. 그런 사람은 돈과 재물이라는 좁은 영역을 벗어나면 아무 것도 모른다. 머리가 비어 있고 그래서 다른 것은 받아들일 줄을 모른다.

최고의 즐거움, 즉 정신적인 즐거움은 익히기가 쉽지 않다. 일시적이고 감각적이며 시간은 적게 들면서 돈이 많이 드는 재밋거리로써 그것을 대신해 보려고 하지만 헛된 일이다.

행운이 따르면 죽기 전까지 상당한 부가 축적될 것이다. 그러나 이제 이것을 계속 늘릴 것인지 탕진할 것인지는 후계자들의 몫이다. 그토록 냉정하고 굳은 얼굴로 살아왔지만 어릿광대 모자를 쓴 사람처럼 그의 삶 역시 허무하기는 마찬가지다.

- 쇼펜하우어

쉴러에 따르면 우리 모두는 아르카디아(행복의 나라)에서 태어났다. 다시 말해 우리는 행복과 재미에 대한 욕심으로 가득한 세상에 들어와 어리석게도 그것을 성취하게 될 거라는 마음을 품고 있다. 그러나 곧 운명이 우리에게 다가와 거칠게 움켜잡고는 아무 것도 우리 것이 아니며 모든 게 자기 것이라고 설교하기 마련이다.

운명은 우리의 모든 재산과 수입과 처자식은 물론 우리의 팔다리, 얼굴의 눈 귀에까지 당연한 권리가 있다고 일깨워준다. 얼마쯤 지나면 경험이 다가와 멀리서 실재처럼 보였던 행복과 즐거움이 가까이 다가가면 사라지는 신기루일 뿐이라는 깨달음을 준다. 그 대신 고통과 괴로움이라는 현실이 바로 나타나 환상이나 기대는 필요가 없다. 가르침이 효력을 발휘하면 우리는 행복과 쾌락 쫓기를 멈추고 가능한 한 고통과 괴로움이 찾아오지 않도록 정신을 쏟을 것이다.

그런 상태에 이르면 우리는 고통 없이 그럭저럭 지낼 만한 조용한 삶이 이 세상에서 기대할 수 있는 최상의 것이며, 우리의 욕망을 그것으로 제한하여 달성하려고 한다. 극도의 행복을 바라지 않는 것이 극도의 불행에 처하지 않는 가장 확실한 방법이기 때문이다.

- 쇼펜하우어

마음의 평화와 불안의 원천은 자신의 마음속에 있으며 행복과 불행의 항아리도 제우스 신전 앞에 놓여 있는 것이 아니라 바로 마음속에 있다. 그러니 인간의 열정도 천차만별일 수밖에. 어리석은 자는 생각이 늘 미래에 쏠려 있기 때문에 자기

발 앞에 있는 행복을 보지 못하고 지나친다. 그러나 현명한
사람은 옛적의 즐거움을 기억에서 다시 되살린다.

- 플루타르크

학수고대한 것을
얻었다.
그대는 의기양양 환호성을 지른다.
아 드디어 평안을 얻었구나.

아, 친구여, 그렇게 날뛰지 말게.
입을 다물게.
모든 소원은 이루어지는 그 순간에
새끼를 낳는다네.

- 빌헬름 부쉬

하루에 1마르크이든, 하루에 3마르크이든, 하루에 1000마
르크이든 그게 과연 내 것일까? 결코 그렇지 않다. 내가 그것
으로 얻을 수 있는 것이 무엇이든 중요하지 않다. 헤진 신발
을 신고 가거나 푹신한 사두마차를 타거나 무슨 상관이 있는
가? 인생행로는 언젠가 끝나기 마련이다.

- 칼라일

항상 이익을 쫓는 자는
자신이 영원히 산다고 믿는지 모른다.
그렇지 않으면 이 물음에 흠칫 놀랄 것이다.
마지막 날, 그 이익이 어디 남아 있지?

- 블루멘탈

눈물을 흘리며 빵을 먹어보지 않은 사람은
고뇌에 찬 밤을
침대 위에서 울며 지새보지 않은 사람은
그 신비스러운 힘을 모른다.

- 괴테

여기저기에 더럽고 말도 안되는 일이 널려 있어 밤에 너희들이 있는 집에 돌아가 아내와 잠자리에 들 때까지는 즐거운 시간이 전혀 없다. 너희들이 날 생각해 주고, 날 좋아하는 몇몇 사람과 충실한 아내가 내 옆에 있고 아이가 살아 있고 큰 난로가 기분 좋게 따뜻하다면 당분간은 더 이상 바랄 것이 없다.

- 괴테

삶에 식초와 화나는 일이 없다면
행복과 요한니스베르거 포도주의 가치를 어찌 알까?

- 브레멘 시청 식당의 글

듣도 보도 못한 일이 일어나면

마음 깊은 곳에서 화가 치밀겠지.

대들거나 싸우려 하지 마라.

건드리지 말고 시간에 맡겨라.

첫날에는 자신을 비겁하다고 욕하지만

둘째 날에는 침묵을 받아들인다.

셋째 날에는 모두 이겨내어

시간 문제가 된다.

화는 그대 삶을 해치는 독이고

시간은 치유의 기름이요 평화를 선물하는 자이다.

- 폰타네

사람은 좌절을 맛보아야 비로소 추진력을 얻는다. 독창적인 천재는 무엇보다 일시적인 고독을 감수해야 한다. 이것은 절망의 깊이와 멀리 내쫓긴 상태에서 자신의 진정한 임무에 대한 시야와 높이를 알아내는 데 필요하다. 인류에게 가장 의미심장한 메시지는 유배 생활에서 나왔다.

세계적인 종교의 창시자인 모세, 그리스도, 모하메드, 부다 모두 사람들과 교류가 없는 사막의 침묵 속에 빠져 지낸 후 결정적인 말을 내놓을 수 있었다. 눈이 먼 밀턴, 귀가 먼 베토벤, 유형지의 도스토옙스키, 세르반테스의 감옥 생활, 단테의 망명생활, 니체가 제발로 찾아간 추운 엥가딘 지역의 유배생활 — 모두가 멀쩡한 인간 의지에 반하는 것이지만 잠잠했던 천재가 발휘되는 과정이 되었다. 야비한 정치계에서도 일시적인 바깥 생활은 새롭고 신선한 안목과 더 원숙한 사고,

그리고 권력 투쟁에서의 정확한 판단력을 갖게 해준다.

　잠시 쉬는 것만큼 삶의 여정에 이로운 것은 없다. 높은 상아탑이나 구름 속 옥좌처럼 세상을 항상 위에서만 보는 사람은 아랫사람의 웃음과 대비 상태만 알고 있기 때문이다. 늘 자기 손에 잣대를 들고 지내면 그것의 무게를 잘 모르는 법이다. 바라는 대로 계속 이루어지는 것처럼 예술가, 군사령관, 권력 추구자를 약하게 만드는 것도 없다.

　예술가는 실패에서 작품에 대한 진정한 관계를, 사령관은 패전에서 자신의 실수를, 정치가는 인기 추락에서 제대로 정치적으로 종합적인 관점을 배운다. 부유함이 계속되면 시들시들해지고 늘 박수갈채를 받으면 무덤덤해진다. 잠시 쉬는 것만이 헛바퀴 도는 삶에 새로운 긴장과 탄력을 준다. 불행만이 세상 현실에 깊은 안목과 예지를 준다.

- 슈테판 츠바이크

2부

걱정의 근원

세 네 카

우리는 지성을 갖추거나 밧줄을 마련해야 한다.

- 안티스테네스

세네카

Lucius Annaeus Seneca(BC 4~65)

로마제정 초기의 스토아 철학자, 극작가, 정치가로 활동했다.

스페인의 코르도바에서 태어났으며 유년시절에 변론가인 아버지 세네카와 어머니 헤르비아와 함께 로마로 가서 수사학, 철학을 공부했다. 그 후 재무관으로 정계에 들어갔는데, 그의 탁월한 변론은 칼리굴라 황제의 질투를 사서 기원후 41년 음모에 의해 코르시카섬으로 추방되었다. 48년 네로(후에 네로 황제)의 어머니 아그리피나의 부름으로 아들 네로의 교육을 부탁받는다. 54년 클라우디우스 황제의 사후에 제정의 실권을 장악하고, 행정에 능력을 발휘하여 권력을 휘둘렀으나 거액의 부를 축적하고 철학적 신조와 실생활의 모순으로 비난을 받았다.

62년 동료 부르스의 죽음을 계기로 공직을 떠나 로마 근교의 별장에서 저술활동에 전념했으나, 65년 피소의 음모에 가담했다는 이유로 네로에게 자살을 명령받는다. 은둔생활을 하면서 《도덕서간》 전 20권을 완간하였는데 이는 세네카의 대표적 철학서로 동료 루킬리우스에게 보내는 서간문 형식을 취하고 있다. 세네카의 철학적 저서는 특히 16~18세기에 널리 애독되고, 몽테뉴에게 강한 영향을 주었다.

세네카는 극적 구성이나 전개 및 등장인물의 행동보다도 인간의 마음에 내재하고 있는 정념의 파괴적 작용의 묘출에 중점을 둔 작품 경향을 보이고 있다. 그의 이러한 작품들은 후세 라시누, 코르네이유, 말로우, 셰익스피어 등 영국과 프랑스 극작가들에게 특히 큰 영향을 미쳤다.

결코 불행해질 수 없는 인간 세네카

자연은 우리가 거창한 기구 없이도 행복하게 살 수 있도록 갖춰
놓았다. 제멋대로 보이는 겉모습은 의미가 없으며 안팎으로 큰 영
향력을 주지 않는다.

- 세네카

학구적인 클라우디우스 황제 시대의 로마는 편하게 머물만
한 곳이 아니었다. 그는 다리를 절고 말을 더듬었으며 성품은
좋은 사람이었지만 나약하고 자제력이 없었다. 메살리나(로마
황제 클라우디우스 1세의 세 번째 아내) 황후는 젊고 아름다웠으며 하
룻밤에 힘센 근육질 남자 다섯 명을 상대하고도 만족할 수 없을
만큼 색욕이 강했다. 상층사회는 교양과 찬란한 전통이 있었
지만 넘치는 풍요에 빠져 무기력했다. 군대는 언제 반란을 일으
킬지 예측할 수 없었으며 백성들은 몸을 웅크린 채 침묵했다.

젊은 세네카는 이런 세상에서 성장했다. 돈 많은 귀족 집안
에서 태어나 철학과 수사학을 공부하고 이집트로 수학여행을
다녀왔으며 다른 귀족 자제들처럼 공직에 들어섰다. 정치적으
로는 사람을 사로잡는 달변과 독자적인 신조로 큰 명성을 얻

었지만 칼리굴라 황제의 미움도 함께 샀다. 하지만 황제가 세네카가 폐병을 앓아 오래 살지 못하리라는 소문을 들은 덕분에 세네카는 그의 칼날을 피해 목숨을 부지할 수 있었다.

칼리굴라의 사망 후 클라우디우스가 제위를 이었다. 클라우디우스 황제는 섬세하기 그지없는 세계에서 그리스 스토아 철학자의 소박과 금욕을 설파하는 이 유망한 관리의 세련된 글을 즐겨 읽으며 속으로 갈채를 보냈다. 세네카는 문학 살롱의 중심이자 많은 정치인들의 희망이 되었다.

이때 난데없이 메살리나로부터 세네카를 황량한 코르시카의 바위섬으로 종신 유배를 보내고 그의 재산을 몰수한다는 칙령이 내렸다. 황제까지도 자신의 독자 및 찬미자이고 정치적으로 한창 잘 나가고 아무 걱정 없이 제국 수도의 세련된 문화를 누리며 아주 잘 살고 있었는데 그야말로 청천벽력이었다. 그는 하루아침에 병든 거지가 되었으며, 낯선 말을 쓰는 오랑캐들 속에서 외로움과 힘든 싸움을 벌여야 하는 신세가 된 것이다.

그는 코르시카에 도착하자마자 어머니에게 긴 편지를 쓴다. 그곳에서 그는 '귀양살이가 불행이 아니며 자기 같은 사람은 결코 불행해질 수 없다, 귀양은 체류지의 변경일 뿐이다, 현자에게는 모든 곳이 모국이다'라고 하며 사십대 나이에 철학적인 성찰로 다져진 의연함을 보인다. 그는 이렇게 말한다.

"우리가 어디를 가든 두 가지 멋진 것이 우리와 길동무를 하지요. 바로 대자연과 자신의 능력입니다. 전능하신 하느님이든 무형의 이성이든, 이 우주의 조물주는 아주 미미한 일들을 남의 전횡에 예속시켜 놓았다고 생각합니다. 인간에게 가장 좋은 것, 예컨대 이 세상, 자연이 만든 가장 위대하고 아름다운 것, 그리고 이 세상과 불가분의 존재이자 가장 위대한 부분으로서 이 세상의 관찰자요 찬미자의 정신은 인간의 힘 밖에 있어서 받거나 빼앗을 수가 없습니다."

관직과 재산의 상실도 그를 괴롭힐 수 없었던 것이다.

"삶을 유지하는 데는 많은 것이 필요 없습니다. 도덕적인 힘만 있으면 그만이지 뭐가 아쉽겠습니까? 제가 낙담에 빠져 있는 것은 부를 누리지 못해서가 아니라 할 일이 없어졌기 때문입니다. 육체적인 욕구는 별 문제가 되지 않습니다. 추위는 견딜만하고 배고픔과 목마름은 음식물로 해결되니까요. 더 무엇을 바라면 자신을 욕구가 아니라 악덕의 손에 맡기는 것이 되겠지요."

세속적인 소유물들을 하나하나 바라보며 그는 또 이렇게 말한다.

"물론 유배된 자는 옷과 집이 아쉬울 겁니다. 그것이 필요하다면 정말 갖고 싶겠지요. 그러나 어디 덮고 가릴 것이 없겠습니까. 몸은 최소한으로 걸치고 먹여주면 됩니다. 사람에게 필요한 것

가운데 자연이 힘들게 만든 것은 아무 것도 없습니다. 금무늬를 놓고 온갖 솜씨를 부려 화려하게 물들인 자주색 옷을 그리워한다면 그것은 자연 탓이 아니라 자신의 부족함 때문입니다."

사람들이 멸시해도 그는 전혀 아랑곳하지 않았다.

"모든 것을 마음속에 내려놓고 많은 사람들의 생각에서 벗어난 현자가 모욕을 받아 마음을 상할 거라고 생각하세요? 모욕보다 더 심한 것이 굴욕적인 죽음입니다. 그런데도 소크라테스는 홀로 서른 명의 전제군주들을 경고할 때와 똑같은 얼굴로 감옥에 들어섰습니다. 마치 그곳에서 모욕을 지워없애려는 듯이 말입니다. 소크라테스가 그곳에 있으면서 그곳은 더 이상 감옥으로 보이지 않았습니다."

세네카는 황량한 코르시카에서 8년을 살았다. 그러자 황제의 두 번째 황후인 아그리피나가 그를 불러들여 아들인 네로의 교육을 맡겼다. 세네카는 제자인 네로에게서 병적인 기질이 있음을 느끼고 서양의 모든 지혜로 그것을 억제하려고 했다. 처음에 어린 네로는 전적으로 세네카의 큰 인품의 영향을 받았으며 황제가 되어서는 제국의 통치를 그에게 맡기기도 했다.

그리하여 세계 제국을 5년 동안 이 철학자가 다스리게 되었는데, 그는 훌륭한 정치를 펼쳤다. 로마에서 가장 위대한 황제 중 하나인 트라야누스는 이 시기를 로마 시민에게 가장 행복한 시기로 꼽았다.

그러나 몇 년 뒤, 병적인 황제 안에 자리잡고 있던 극악한 힘이 세네카가 황제의 정신 속에 세운 제방을 휩쓸어 버렸고 과대망상과 피에 굶주린 광기가 황제를 사로잡았다. 황제에게 조언을 하는 사람마다 살해되었으며, 어머니 아그리피나는 침대에서 목이 졸려 죽었다. 그때까지 세네카는 아직 살아 있었는데, 심한 양심의 갈등 속에서 그는 〈마음의 안정〉이란 논문을 썼다.

> "운명이 너를 국가 제일의 자리에서 몰아내면 네 자리에 머물러 소리를 내라. 네 목을 조르면 네 자리에서 침묵으로 대응하라. 선한 시민의 노력은 결코 헛되지 않다. 그의 말, 겉모습, 표정, 손짓, 말없는 인내, 그의 오가는 행위는 효과가 좋다. 먹거나 만지지 않고 냄새만으로도 바른 도덕적 태도는 효험이 있는 약처럼 비록 멀리 떨어져 모습을 드러내지 않더라도 훌륭한 효과를 낸다."

그러나 세네카는 몇 년간 이 상황을 견디다 마침내 물러나고 만다. 이제 의심할 바 없는 운명이 그를 기다리고 있었다. 네로는 3년을 머뭇거리다가 옛 스승에게 사형 선고를 내렸다.

옛 사람들이 '죽음의 예행연습'이라고 부른 심한 협심증을 앓았지만 세네카는 이 기간에 쉴새없이 저술에 매달려 자연과학 논문들, 스스로 고안한 속기 체계에 관한 글, 피비린내 나는 비극과 삶의 지혜에 관한 논문들을 내놓았다.

비록 천재는 아니었지만 그는 세상의 지혜로 짓궂은 운명에 대항하는 감동적인 글들을 집성했다. 그는 자신이 "미래 세대의 일을 하고 있다"고 했으며 스스로 인류의 교육자라고 느꼈다.

그의 정치가로서의 활동은 전혀 언급되지 않았으며, 인용문과 일화로 범벅된 어색한 문체만이 마지막 남은 세속적 허영의 흔적을 짐작하게 해줄 뿐이다. 그러나 조언을 청하는 친구에게 "여기에 살고 있는 사람은 의사가 아니라 환자라네"라고 쓴 글에는 그가 자신의 부족함을 공공연히 인정하는 자세가 나타나 있다.

그는 엄청난 부를 축적해 놓았지만 검소하게 살았다. 빵과 무화과 등의 채식을 했기 때문에 식사 후에는 손을 씻을 필요가 없었다. 딱딱한 침상에서 자고 극장은 가지 않았으며 노새가 끄는 낡은 수레를 타고 다녔다. 그렇다고 재산을 내팽개쳐 두지는 않았다.

"질그릇을 은그릇인 듯 사용하는 이는 대단한 사람이다. 그러나 은그릇을 질그릇인 듯 사용하는 이 또한 위대한 인물이다. 부를 감당하지 못하는 것은 도덕적인 결함의 증상이다."

그는 날마다 죽음이 눈앞에서 어른거리는 삶을 살았다.

"나는 여태까지 말과 행동으로 무의미한 일만 했다. 그것은 허약하고 허위에 찬 내 생각을 화려한 말로 꾸민 것일 뿐이다. 죽음을 앞에 두었을 때 나는 비로소 나의 향상을 믿을 수 있다. 나는 말로써 운명에 맞대들었는데 이제 그것이 모두 가식과 연극이었는지 두려움도 없이 그리고 말없이 나를 있는 그대로 평가할 수 있는 날을 준비하고 있다. 우리가 현인들의 가르침에서 찾아 모은 해설과 학문적 대화, 금언 그리고 교양 강의는 진정한 신념의 증거가 될 수 없다. 비겁하기 그지없는 사람이라도 말로는 용감하기 때문이다. 죽음에 이르면 네가 무엇을 했는지 드러날 것이다. 나는 이런 조건이 좋으며 판결이 두렵지 않다."

네로가 일흔에 접어든 세네카에게 사형 선고를 내렸을 때 세네카는 이 당당한 말에 상응하는 태도로 그것을 받아들였고 욕탕에서 손목을 긋고는 모인 친구들을 위로한 다음 평온하게 죽음을 맞이했다. 젊은 아내는 스스로 그의 뒤를 따르려 했지만 황제가 그녀를 되살려놓았다. 그러나 고통이 곧 그녀를 저세상으로 데려갔다.

고통을 행복으로 길들여라

대다수 사람들의 경우 행복을 유지하는 데는 건강, 돈, 그리고 영향력 이 세 가지가 결정적이다. 그중 우리 행복의 4분의 3은 건강에 달려 있다. 건강한 거지가 병든 왕보다 더 행복한 것이다.

그러나 이 세상의 고통 가운데 철학이 가장 접근하기 어려운 것은 육체의 고통이다. 진정한 현인은 고문대 위에서도 행복해한다고 스토아 철학자들이 주장했지만 이런 것이 바로 전형적인 허풍이다. 운명이 우리에게 지우는 짐 가운데 지속적인 육체적 고통만큼 힘든 것도 없다. 재물이나 명성 또는 단순한 쾌락을 얻기 위해 건강을 해치는 사람은 정말 바보이다.

심한 육체적 고통에 위로되는 것은 없으며 고통은 의사만이 도움이 된다. 그리스의 철학자 에피쿠로스가 고통에 대해 '강하면 짧고 약하면 길다'고 했지만 모든 경우에 맞는 말은 아니다.

그러나 고통이 미미한 경우 정신은 큰 일을 해낼 수 있다. 칸트가 여든에 이르러 쓴, 잘 알려진 글을 보자.

"나는 좁고 밋밋한 가슴을 갖고 있어 심장이 압박을 받으면 어떻게 할 수가 없다. 이렇게 우울증을 타고 났으며 젊었을 때는 염세에 빠질 정도였다. 그러나 이 병의 원인이 기계적인 것으로 개선할 수 없다는 생각을 하자 그것에 전혀 얽매이지 않게 되었다. 가슴에 압박을 느끼는 동안 우울증 환자들처럼 변덕을 부리기는커녕 머릿속은 평온과 밝음으로 가득했으며, 이 기분은 사람들이 모인 자리에서도 의도한 대로 자연스럽게 전달되었다.

즐기는 것보다는 삶을 자유로이 잘 이용함으로써 삶에서 더 많은 기쁨을 얻는다. 그 결과 정신노동은 오로지 육체에만 간섭하는 심리적 압박에 종류가 다른 활기찬 생명감을 내세운다. 가슴이 죄는 현상은 그대로이다. 내 체질 탓이기 때문이다. 그러나 그 느낌이 나와 아무 관계가 없다는 듯 관심을 다른 데로 돌림으로써 그것이 내 생각과 행동에 미치는 영향을 잘 다스려왔다."

의사인 후페란트는 이 글을 찾아내 널리 알리는 데 그치지 않고 여기에 다음과 같은 말을 덧붙였다.

"실제로 병이 들었다 해도 우리는 병과 병의 자각을 구분해야 한다. 대개의 경우 후자가 전자를 훨씬 앞지르기 때문이다. 중요하지 않은 국부의 장애이고 거기서 나타나는 막연한 불쾌감이나 불편함 또는 통증이 우리를 몹시 고통스럽게 하지 않을 경우 병을 제대로 인지하지 못할 것이라고 말할 수 있는 것이다. 병의 전반적 작용으로 인한 이 감각들은 대부분 제어할 수 있다. 여리고 허약한, 그래서 더 예민한 사람은 그들에게 눌려 기를 펴지 못하지만 굳게 단련된 정신의 소유자는 이들을 물리치고 억제한다. 예상치 못한 사건, 오락 등 강력하게 정신을 강

하게 다른 데로 돌리게 함으로써 육체적 고통을 잊을 수 있다
는 것은 누구나 인정하는 사실이다. 그렇다면 자신의 굳은 의
지, 자신의 정신력을 가동해 그렇게 못할 것도 없지 않은가?"

운명이 우리에게 큰 과제를 던져주면 우울증 같은 고통은
곧 사라진다. 그런 고통에서 벗어나려면 스스로 그런 과제를
만들어 열심히 몰두해야 한다. 그런 도피처에 대해서는 제5부
에서 자세히 다루겠다. 하는 일 없이 빈둥거리는 사람만이 우
울증 환자이다.

두 번째 종류의 고통은 재산과 음식물과 의복, 집, 난방과
휴양의 부족에서 비롯된다. 우리가 행복하려면 기본적으로 각
부분에서 최저 수준은 충족되어야 한다. 굶주리거나 추위에
떠는 사람, 충분한 주거 공간이나 자유로운 휴식 기회가 없는
사람은 행복에 대한 인식에 이르거나 그 실천에 나설 수가 없
다. 우리의 생존에 필요한 최저 수준에 미달하면 당장 사색과
논쟁을 중단하고 그 상태를 바로잡아야 한다. 그러나 무지몽
매한 정부가 경제를 망치지 않는 한 이 최저 수준은 누구나

누릴 수 있다. 엄한 처벌을 받은 사람이라 할지라도 옛날에 절
식하는 성인들이나 섭취했을 정도로 음식량이 제한되는 것은
우리 시대에 맞지 않다.

우리가 앞서 다루었던 문제는 이 최저 수준이 충족된 것을
전제로 한다. 그곳에서 우리는 재물이 넘치는 궁전보다 적당
히 부를 누리는 집에서 행복을 누리는 경우가 더 많다는 사실
을 확인했다.

그러나 이런 인식을 근거로 부를 하찮게 보아야 한다는 것
은 아니다. 그것에 매여 살지 말라는 뜻이다. 세네카가 세상의
재화를 모두 잃고 어머니에게 쓴 편지를 보자.

"비록 재물과 복이 평화를 유지해 주는 것 같지만 나는 변덕스
러운 행복을 믿은 적이 전혀 없습니다. 나는 미련 없이 은혜로
이 받은 돈, 높은 지위, 후원, 이 모든 것을 다시 내게서 거두어
갈 곳에 놓아두었습니다. 그것들과 저 사이에 큰 심연이 놓이게
했으니까요. 이렇게 운명이 그것들을 다시 가져갔는데 억지로 빼
앗아간 것은 아닙니다. 행운에 속은 자만이 불행에 무릎을 꿇습
니다."

세네카의 말에 위험이 없는 것은 아니다. 이미 익숙해진 것
은 필요한 것이 되기 쉽기 때문이다. 이것을 쇼펜하우어는 다
음과 같이 표현한다.

"입에 빵 한 조각을 물고 있는데 그것을 빼내면 개도 가만 있지 않는다. 배가 고프면 현자도 마찬가지다. 스토아 철학자들은 여기서 그들의 원칙에 타협점을 찾았다고 생각했다. 로마식 성찬을 앞에 두고 앉아 하나하나 맛을 보지만 이 모든 게 재료일 뿐, 일용물이 아니라고 주장하는 것이다. 쉽게 말해, 먹고 마시며 하루를 즐기고도 하느님께 감사하기는커녕 지루하다는 표정을 지으며 괜히 정신없이 이것저것 맛보았다고 하는 것이다."

그러나 쇼펜하우어의 조롱은 근거가 약하다. 실제로 위대한 스토아 철학자들은 세네카처럼 세속적인 즐거움을 내놓아야 할 때 군소리 없이 인생의 선물에 이별을 고했던 것이다. 쾌락주의 철학자 에피쿠로스도 향락주의자가 아니었으며, 그의 학설은 그의 이름밖에 모르는 사람들이 생각하는 것과는 매우 달랐다. 그가 주로 먹고 마신 것은 빵과 보리, 그리고 포도주 조금이었으며 그의 편지에는 "군침이 돌 때 맛있는 것을 먹을 수 있도록 내게 치즈를 좀 보내주게" 라고 씌어 있다. 에피쿠로스 역시 나름대로 욕구를 다스리며 살았던 것이다. 이러한 자족 능력은 우리 시대에도 살아 있다. 칸트는 말한다.

"이렇게 저녁을 먹고 싶은 충동과 점심을 실컷 먹고 싶은 욕구를 병적인 감정으로 볼 수 있을 것이다. 이것은 굳은 결심으로 극복할 수 있으며 그런 감정에 사로잡히는 일도 차츰 사라질 것이다."

괴테는 저녁에 거의 아무 것도 먹지 않았고 폰타네도 친구
에게 다음과 같은 글을 보냈다.

"아, 얼마나 행복한가! 거친 곡물 죽과 잠자리, 아픈 데가 없는
몸, 이것으로 충분하다."

1,500마르크와 6,000마르크의 소득 격차는 6,000마르크와 10만
마르크의 차이보다 훨씬 크다. 사람들은 최후의 심판일 오후
에나 되어야 금전 숭배를 중단할 것이다. 그러나 어느 시대든
분별 있는 사람들은 황금 접시로 식사를 해야 가장 맛이 있는
것이 아니라는 사실을 알고 있었다.

한 기차 객실에 다섯 사람이 함께 앉아 여행하는 장면을 상
상해 보자. 거의 모두가 다른 사람들에게 깊은 인상을 주려 하
는 모습을 보게 될 것이다. 한 사람은 고상한 사람들과 아는
사이라고 말하고, 다른 사람은 가방에서 남이 부러워할 물건
을 꺼내 보이며, 또 다른 사람은 열심히 외모를 가꾼다. 남들
이 어떻게 생각하든 우리에게 이롭거나 해로울 것도 없는데
몇 시간만 지나면 보지 못할 이 사람들에게 잘 보이고 싶어

그렇게 하는 것이다.

그러나 이런 환상, 다른 우연한 사람들이 머릿속에서 즐기는 생각을 실제 상황보다 훨씬 더 중요하게 여기는 사람들이 많은 것같다. 의복비와 주거비, 교제비와 가재도구를 위한 지출은 오직 인정 욕구에서 나오기 때문이다. 스스로 시인하는 사람은 드물지만 많은 사람들에게는 남이 감탄하고 남에게 부러움을 받는 것이 가장 큰 기쁨인 듯하다. 바로 이 인정 욕구가 끊임없는 고통과 근심의 원천이다. 다른 사람들이 뭐라고 할지 궁금한 적이 얼마나 많았던가? 정말로 필요해서가 아니라 주위 사람들로부터 위신이 깎일까 봐 몹시 갖고 싶어한 것이 얼마나 많은가? 아이가 비뚤어지고 법적 처벌을 받는 것 등 실제로 삶에 타격을 받을 때에도 우리는 사건 자체보다 위신이 깎이는 것에 더 예민하게 반응한다. 업신여김을 당하는 것이 죽기보다 더 견디기 힘들다는 사람들도 더러 있다.

우리 자신에 대한 다른 사람들의 생각이—우리의 상관은 예외로 치고—우리가 행복하게 사는 데는 중요하지 않다는 것을 경험으로 잘 아는 사람은 세상 걱정을 대부분 극복한 것이다. 독일 단어 'eitel'('우쭐대는, 덧없는, 허무한' 이란 뜻)은 인간의 인정 욕구와 아울러 세상의 무상함을 가리키는데 이것은 우연이 아니다. 사람들은 흔히 눈앞에 없는 사람을 무시하며, 아무것도 모르는 얼간이가 위대한 인물을 몹시 얕본다는 것을 모두가 알고 있다. 사람들의 견해가 믿지 못할 것에 바탕을 두고 있다는 것 또한 잘 알고 있다. 그럼에도 불구하고 날마다 자신의 돈과 시간 그리고 행복을 그들의 생각에 바치며, 지나가는 사람들의 시선을 끌기 위해 며칠이나 애쓰는 여자들도 있다.

우리는 불행이 닥칠 때마다 그것이 우리의 어떤 약점을 노렸는지 자문해볼 필요가 있다. 제대로 된 성찰이 이루어진다면 허영이 우리 근심의 근원이라는 것을 다시 알게 될 것이다.

아, 죽음의 방은 어두컴컴하고
죽음이 움직이며 슬픈 소리를 낸다.
이윽고 그가 무거운 망치를 집어들고
시간을 알린다.

- 마티아스 클라우디우스

운명이 우리에게 가할 수 있는 가장 큰 타격은 함께 어울려 살던 사람의 죽음이다. 그들과 함께 우리 존재의 일부도 영원히 사라지는 것이다. 이 세상의 철학은 죽음에 대해서 일단 무기력하다. 여기서는 도움이 되는 것은 시간의 치유 작용이 의연한 활동을 북돋아줄 수 있다는 사실뿐이다.

시간이 제 일을 하고 나면 우리는 여기에 서로 다른 두 고통의 감정이 맞물려 있음을 차츰 깨닫게 된다. 고인에 대한 연민과 우리 자신의 삶에서 부족한 점에 대한 비애를.

죽은 사람의 운명과 관련해서는 소크라테스가 독배를 마시고 죽으라고 판결한 재판관들에게 한 말을 떠올릴 필요가 있다.

"죽음은 우리가 세상에서 한 일에 대한 보상 또는 벌, 이 둘 가운데 하나이다. 그래서 난 죽음이 두렵지 않다. 또는 꿈을 꾸지 않고 잠자는 것이다. 그러나 페르시아 왕에게 생전에 꿈을 꾸지 않고 잠든 것보다 더 즐거운 날이 정말 많았을까?"

자신이 세상을 떠날 때가 되면 더 힘들다. 인간은 계속 활기차고 축복 받은 삶을 살아가는 모습, 자신이 한 일과 어린 시절을 회상할 수 있을 뿐, 모두가 맥없는 위로일 뿐이다. 차라리 자신의 부족함이 곧 우리가 몰두해야 할 숙제라고 생각하면 더 도움이 될 것이다. 그러나 여기서 실질적으로 도움이 되는 것은 믿음뿐이다.

또 다른 중요한 고통의 원천은 죄책감이다. 우리는 죄책감이 들 때마다 잘못을 저질렀는지 불법을 저질렀는지, 다시 말해

처세술을 거슬렀는지 또는 도덕률을 위반했는지 확인해봐야 한다. 단순한 실수라면 당시 상황을 살펴보아 그렇게 행동할 수밖에 없어 그렇게 했는지 계속 물어야 한다. 그렇게 했다면 세상을 잘 아는 발터 라테나우스의 "행동하는 인간은 자신의 결정의 3분의 2가 맞아도 만족한다"는 말이 위로가 될 것이다.

그러나 부정(不正)을 저질렀을 경우에 취할 수 있는 바람직한 태도는―물질적인 차원에서―그것을 보상하는 것뿐이다. 우리의 행위로 피해를 입은 사람들에게 할 수 없으면, 다른 사람들에게라도 해야 된다. 세상은 전체가 하나로 연결되어 있다. 자신과 싸우는 것은 현명하지 않다. 자기 자신과는 친구가 되어야 하며, 자신을 미워하지도 떠받들지도 말아야 한다.

일상에서 느끼는 사사로운 불쾌감을 짜증이라고 한다. 큰 불행으로 인한 설움으로 괴로워하는 사람보다 일상의 불편에 끊임없이 짜증내며 사는 사람이 많다. 이 짜증에는 간단한 처방 몇 가지가 있다.

첫째는 거리두기이다. 한 해만 지나면 우리를 짜증나게 한 일들은 거의가 기억조차 가물가물해질 정도로 무덤덤해진다.

열쇠를 잃은 일, 기차를 놓친 일, 이웃사람의 험담, 무례한 공무원 따위의 작은 일들은 곧 잊히기 마련이다. 그런데 이런 사소한 일 때문에 우리는 몇 시간이고 눈이 가려져 다른 세계를 보지 못한 채 유일한 실질적인 재산인 현재의 즐거움을 희생하는 것이다. 이럴 때 우리는 일 년 뒤 이 짜증의 원인을 어떻게 판단하고 그 실제 차원을 인식하게 될지 스스로 생각해봐야 한다.

둘째는 먼저 불안의 표현을 억제하면 고요에 이를 수 있다는 것이다. 자신의 감정을 제어하는 법은 감정의 표현을 자제하는 데서 비롯된다. 다음은 스토아 철학자의 가르침이다.

> "자, 분노가 우리에게 소리를 지르고, 눈을 굴리고, 싸우라고 시키면 곧바로 복종을 거부하는 것이 분노의 지배에서 벗어나는 첫째 방법이다. 그럴 때는 오히려 병이 났을 때처럼 열정이 사납게 날뛰고 소리가 커지지 않도록 평온을 유지해야 한다."
>
> - 플루타르크

차분한 사람이 항상 뛰어나다. 훈련을 통해 흥분을 자제하는 법을 익히는 것만큼 쉬운 일은 없다. 윗사람과 이야기할 때는 누구나 자제할 줄 안다. 그 곳에서 할 수 있다면 다른 데서도 할 수 있어야 한다. 첫날에는 불가능하게 보이는 것도 서른 번, 백 번 연습하면 자연스러운 습관이 된다.

물론 여기서도 연습은 여러 확실한 인식들의 결과이다. 첫 번째는 이 세상에서는 모든 것이 순조롭게 진행되도록 이루어져 있지 않다는 신념이다. 사고는 삶의 기본 요소이기에 규칙적으로 불운한 일이 생겨도 놀라지 말고 일정한 시점까지 처리해야 할 사건으로 받아들여야 하는 것이다. 흔히들 "궂긴 소식(부음 또는 부고)난에 넣어 두자"고 하는데 인생 경험에서 나온 일리가 있는 말이다.

두 번째는 많은 이들이 일상에서 비판하기를 가장 즐기는데 이것은 사실 지겹고 무익한 시간 낭비라는 인식이다. 괴테는 "조용히 활동하고 싶은 사람은 비난하거나 잘못된 것에 신경 쓰거나 하지 말고 그저 선만 행해야 한다"고 말한다. 그는 의심, 비판, 그리고 거부가 우리 안에서 세상에 대한 부정적인 마음씨를 키우고 이해심을 손상시킴으로써 인간을 파괴한다고 믿고 있었다.

> "우리가 다른 사람의 행동을 이해하면 우리의 기분이 생산적으로 바뀌고 이것이 항상 좋게 작용한다."

괴테는 사람과 사물을 있는 그대로 받아들였으며 자연이 창조한 것과 다르게 사람을 바꿀 생각은 하지 않았다.

"사람들이 우리와 일치하길 바라는 것은 아주 어리석은 짓이다. 나는 결코 그리하지 않았다. 나는 인간을 항상 따로따로 존재하는 개체, 연구하고 그 특성을 배울 대상으로 생각해 왔으며 그 때문에 특별한 감정이 생기지 않았다. 그 덕분에 누구와도 교제할 수 있었으며, 다양한 인물들의 지식과 삶에 필요한 처세술도 익혔다. 꺼림칙한 사람을 만나면 소통이 잘 이루어지도록 마음을 써야 한다. 그럼으로써 우리 안에 있는 온갖 다양한 면이 자극을 받아 발전하고 원숙해지며, 곧 상대방이 누구라도 당당한 느낌이 들게 된다."

당연히 괴테는 다투기를 싫어했다. 그는 주저없이 "다투지 말고 대립되는 점만 이해할 수 있게 나타내야 한다"고 말했다.

한 인간에게서 모든 오류를 없애려 한다면 결코 뜻대로 되지 않을 것이다. 또 그의 오류가 우리에게 직접 해가 되는 것도 아닌데 왜 우리가 그런 일을 시작해야 한단 말인가? 자신의 뜻과 행동이 정말 옳다면 그것이 옳았음을 증명하는 일에 연연할 필요가 없다.

그러나 잘 생각해 보면 아무리 짜증의 원인이 많아도 나름대로 귀한 위로가 있기 마련이다. 우리는 좋지 않은 일들이 일어날 때 그것에 뭔가 좋은 일이 딸려올 수 있음을 모른다. 거기에 좋은 것이 아무 것도 포함되어 있지 않더라도 거기서 뭔가 좋은 것을 만들어낼 수도 있다.

관공서에서 기다려야 하는 상황을 생각해 보자. 다른 때 같으면 전혀 시간을 내어 생각해 볼 수 없는 여러 일들을 이리저리 생각할 시간이 생기지 않았는가. 기차를 놓치는 바람에 중요한 회의에 참석하지 못하는 상황을 떠올려 보자. 그 모임에서 무슨 재난이 발생할지는 아무도 모른다. 병들어 집에서 머물러야 하는 상황을 생각해 보자. 바로 아이들에게 몰두할 수 있는 기회가 아닌가? 괴테는 "우연을 행복으로 길들여라"고 말한다.

고통의 목록은 완전할 수 없다. 가벼운 것에서 심한 고통까지 헤아릴 수 없이 많다. 자신의 힘을 잘못된 곳에 써버렸다는 느낌은 가장 심한 고통에 속한다. 아리스토텔레스가 말했듯이 인간의 행복에서 자신의 탁월한 능력을 발휘하는 것이 큰 몫을 차지하고 있기 때문이다. 괴테의 말도 여기서 그저 잠시 위로가 될 뿐이다.

"나는 아주 보잘것없는 마을이든 황량한 섬이든 오직 삶만 생각하고 바쁘게 몸을 움직일 것이다. 그렇기에 내게 맞지 않은 일들이 있어도 가볍게 무시한다. 이곳이나 저곳이나 어디가 영원하든 간에 나는 현 상태에서 의연함과 성실로 더 높은 다음 단계에 맞춰 그것을 밟아 올라갈 수 있도록 하려는 신념을 갖고 있기 때문이다."

우리 힘의 부적절한 배분이 결국 고통을 이루는데, 철학적으로 처리할 것이 아니라 고통 그 자체를 없애는 것이 필요하다.

많은 이들이 까닭 없이 자신의 삶의 보람을 거두지 못하고 자취도 없이 사라지고 있다는 느낌에 시달리는데, 이 또한 심각한 고통에 속한다. 하지만 인생에 보람이 따로 있는 것은 아니며 다만 우리 스스로 거기에 어떤 의미를 부여할 수는 있다. 그러나 인생의 참뜻은 어떤 확실한 목표를 달성하는 데 있는 것이 아니다. 그것은 오직 삶의 과정 자체에, 즉 우리가 일상의 요구를 안팎으로 충족시키는 방식에 들어 있다.

국가의 안녕에 대한 걱정 또한 심한 고통에 속한다. 그러나 국가의 영광보다도 안녕 복지에 더 관심이 있다면 상황이 나아지도록 각자가 작은 힘을 보탤 수 있을 것이다.

고향의 상실도 가장 큰 불행에 속하는데 이때 도움이 될 수 있는 것은 새 나라를 새 고향으로 삼는 결정뿐이다.

마음의 고통 가운데 가장 심각한 것은 응어리이다. 이 세상의 명백한 불의들이 늘 짜증스럽게 사람의 머릿속으로 들이치면 마음속은 발작적으로 거부 상태가 형성된다. 그 결과 이 세상의 활기에 대한 감수성은 사라지고 세속적이거나 신성한 가치거나 할 것 없이 모두 가리지 않고 비웃고 무시하는 것이다.

이렇게 한을 품고 사는 사람에게는 이 세상이 결코 운명의 공평성을 목적으로 만들어진 것이 아니라는 냉정한 진실을 알려주어야 한다. 복권 당첨금이 참가자의 도덕성에 맞게 결정되기를 바란다면 곳곳에서 바보 취급을 받을 것이다.

세상사에서 공평성이 판칠 기회는 많지 않다. 이 세상이 공정하다고 주장하는 종교는 없다. 오히려 공공연한 불공평을 어떻게 자비로운 신의 현존과 결합시킬 수 있을까 하는 문제로 고심해 왔다. 종교는 이에 대해 신의 적대자가 존재한다는 주장부터 시험과 천국에 대한 사상에 이르기까지 많은 해답을 찾아냈다. 성공한 사람은 모두가 성공의 반 이상이 우연 덕분이라고 솔직하게 털어놓는다. 건달이나 멍청이도 행운의 마차를 타면 위로 올라갈 수 있는 것이다. 모두들 세상의 불공평을 나쁜 날씨처럼 여기고 이번에 그것과 영원히 타협을 해야 한다.

이런 인간 운명의 원리와 한 짝을 이루는 것은 밖에 나타난 결과가 행복에 결정적인 것은 아니라는 사실, 그리고 우리가 여기서 억지로 구걸하거나 강요할 수 없는 것은 모두 정신 수양에서 기대할 수 있다는 사실이다.

우리는 곧잘 이 집 또는 저 여자가 내 것이면 정말 행복할 텐데 하고 상상하곤 한다. 그러나 거꾸로 우리가 소유한 것 가운데 이것이나 저것을 잃으면 얼마나 불행할지 상상하는 것이 더 현명할 것이다. 또 불행에 처했을 때에 상황이 얼마나 더 악화될지도 곰곰이 생각해 볼 수 있다.

'남아프리카의 나폴레옹'이라 불렸던 세계 제일의 부자 세실 로도스(1853~1902, 잠비아와 짐바브웨를 식민지로 개척하고 다스린 영국 정치인)는 이렇게 곰곰이 생각하는 것을 '비교급 고찰'이라고 불렀다. 아프리카 연합국 건립이라는 원대한 계획을 이루기 위한 제이슨 모반 지원이 실패하고 하룻밤 사이에 그는 자신의 지위를 잃었지만 이것은 자신의 철학을 확인할 기회였다.

로도스 일행이 이동 중에 텐트에서 야영을 할 때였다. 그가 한밤중에 한 친구를 깨웠다. 친구는 갑자기 거구의 로도스가 셔츠 바람으로 앞에 서있는 것을 보고 "텐트에 불이 났는가?" 하고 물었다. 로도스가 아니라고 하고는 "영국인으로 태어나지 못한 사람이 수백만이나 되는데 영국인으로 태어나 얼마나 큰 행운인지 생각해 본 적이 있는가? 그뿐 아니네. 수백만 명이 병에 시달리고 있는데 자네는 튼튼하고 건강한 몸을 갖고 있지. 내가 말하려던 것은 이것이네, 다 말했어!" 하고 말했다. 이에 대해 친구는 "제이슨 모반을 생각할 때지만 잠시 비교급을 고찰하고 싶었던 거군" 하고 덧붙였다.

당신을 위한 위로의 경구

사람이 다른 사람들의 의견이 아니라 사실 자신의 형편대로 살고 있고, 우리의 건강, 기질, 능력, 소득, 아내, 아이, 친구, 주거지에 따라 정해진 실제 개인적 상황은 다른 사람의 입맛에 맞게 만들어진 자신보다 우리의 행복에 백배나 더 중요하다는 간단한 사실을 지금이라도 깨우치면 행복에 도움이 될 것이다. 다른 망상을 품고 있다면 불행해진다.

- 쇼펜하우어

개인의 의식은 몸과 연결되어 있으며 날마다 수면에 의해 완전히 중단된다. 현재의 지속성을 놓고 보면 깊은 잠은 예컨대 조금씩 쉬지 않고 진행되는 동사(凍死)와 전혀 다르지 않으며 미래의 상태, 즉 깨어나느냐 하는 점에서만 다르다. 죽음은 잠이며 잠을 잘 때 개성은 잊힌다. 다른 것은 모두 다시 깨어나거나 그대로 깨어 있다.

- 쇼펜하우어

하루하루가 따로 존재한다. 밤마다 자신과 다른 사람의 죄를 용서해주지 않는다면 어찌 살 수 있을까.

- 괴테

나는 어디서나 좋고 사랑스러운 것만 본다. 누구에게서도 빼앗지 않고 주며, 사람들을 있는 그대로 내버려 두고 받아주기 때문에 어디서나 나를 기꺼이 맞아준다. 밖에서 하듯이 집에서 많은 일을 관대히 보아 넘긴다면 온 세상이 하늘나라로 변할 것이다.

- 괴테

실패가 반복되더라도 역겨워하거나 맥없이 올바른 원칙에 따라 모든 일을 실행하려는 계획을 포기하지 말라! 그러지 마라! 실패했을 때에는 원칙으로 돌아가야 하며, 네 행동이 대부분 사람의 도리에 맞으면 그것으로 만족해야 한다. 그리고 네가 되찾아간 원칙을 사랑해야 한다.

- 마르쿠스 아우렐리우스

뜻밖에도 일상생활에서는 화를 병적인 상태로 치지 않는다. 그러나 분노는 알코올보다 훨씬 위험하고 해롭다. 내가 어떤 연맹에 가입하거나 단체를 설립한다면 반 분노 연맹을 세우겠다. 화는 예컨대 알코올처럼 눈에 잘 띄지 않지만 훨씬 부드럽고 잘 스며드는 독이다.

아무튼 다음과 같은 것이 최고 법칙이 될 것이다. 화가 난 상태에서는 어떤 행동이나 결정도 하지 말라. 우선 정상으로 될 때까지 지켜보고 네가 입힌 피해를 잘 봐라. 이 세상에 화나는 일은 얼마든지 있다. 또 화는 술 취함이나 일탈처럼 용서할 수 있다. 그러나 일탈에 젖어 있어선 안 되며, 되도록 빨

리 건강한 상태로 돌아가야 한다. 피상적으로 보이지만 먹고
쉬는 것은 여전히 중요한 수단이다.

- 로츠키(종교사회주의자)

애통해서 가슴 아프게 우는구나.
겨울 추위를 얇은 옷으로 맞고
맨발을 눈 속에 담은 채
오래 괴로워하지 마라.

그대의 낭만적 번뇌여
지붕도 빵도 없이
돌 위에 눕는
쓰디쓴 고통은 만들지 마라.

- 아다 크리스텐(오스트리아 문인)

3부

용기

디즈레일리

재산을 잃은 것은 적게 잃은 것이다.

심사숙고하여

새 재산을 모아야 한다.

명예를 잃은 것은 크게 잃은 것이다.

명성을 얻으면

사람들이 달리 생각할 것이다.

용기를 잃은 것은 모든 것을 잃은 것이다.

차라리 태어나지 않은 것이 더 좋았을 것이다.

- 괴테

디즈레일리
Benjamin Disraeli(1804~1881)

　영국의 정치가, 문인으로 런던에서 태어났다. 17세에 변호사 사무소에 들어갔으나, 문학에 흥미를 가져 1826년 처녀작 《비비앤 그레이》를 발표하면서 명성을 얻었다. 이어서 풍자 소설 《젊은 군주(君主)》(1831)를 발표하고 다시 지중해·서남아시아 방면 여행(1830)의 견문(見聞)에서 취재한 심리 소설 《Contarini Fleming》(1832)과 역사 소설 《Alroy》 등을 발표하면서 작가로서 입지를 굳혔다. 1832년 정계에 들어가 급진당의 후보자로서 보궐 선거에 입후보했으나 낙선하고 토리당원으로서 다시 입후보했으나 또 낙선했다. 1835년 정치 논설 《Vindication of the English constitution》을 썼다. 이후 모두 여섯 번 낙선한 후, 1837년 토리당원으로서 하원 의원에 피선되었다.

　1841년 토리당 내에 '청년 영국'당을 조직하였고 정치 소설 《Coningsby》(1844)과 《Sybil》(1845)을 통하여 '토리 민주주의'를 논하고, 1846년 산업 자본가의 보수주의를 대표하는 필과 그의 곡물법 폐지에 반대하면서 보호 무역주의의 지도자가 되었다.

　이후 세 차례나 다비 내각의 재무상을 지내는 등 활발한 정치활동을 하였다. 1868년에는 다비의 은퇴로 수상이 되었으나, 같은 해 개정 후 최초의 총선거에 패배하여 퇴진하였다. 1874년 선거에서는 대승하여 제2차 내각을 조직하기도 하였으나, 1880년 선거에서 패배, 사직했다. 후에 정치 소설 《Endymion》(1880)을 발표하였다. 그는 전형적인 제국주의적 정치가로 알려져 있다.

좌절과 장애물을 성공의 발판으로 이용한 디즈레일리

비비앤 그레이Vivian Grey에게는 한 가지 원칙이 있었다. "모든 것이 가능하다"는 것. "물론 인생에서 실패하는 사람들도 있는데, 그러나 모든 실패는 도덕적 육체적 용기가 부족한 데서 비롯된다"는 것이다. 그러니까 비비앤 그레이는 이 세상에 도덕적으로도 육체적으로도 두려움을 모르는 존재가 있다는 것만은 알고 있었으며 이미 오래 전부터 자신의 행로가 당연히 아주 좋을 거라는 결론을 지었다.

- 디즈레일리

영국의 한 소읍에 있는 '라이언'이라는 여관 테라스에 한 젊은이가 서 있었다. 그런데 옷차림이 희한했다. 하얀 공단(貢緞)으로 안감을 댄 검정 빌로드 치마, 덧신처럼 수놓은 새빨간 조끼, 금빛 장식선을 붙인 보라색 바지, 손톱까지 내려오는 레이스 달린 소맷부리, 그리고 흰 장갑에는 다이아몬드 반지들이 주렁주렁했다. 기름 바른 검은 곱슬머리는 어깨까지 늘어져 있었고 목에는 금목걸이들이 걸려 있었다. 사자 석상에는 금손잡이와 넓은 장식술이 있는 지팡이가 기대어져 있었다.

그는 선거 연설을 하는 중이었으며 마지막으로 엄숙하게

"내일 선거가 끝나면 저는 여기에 있을 것입니다" 하고 장담하며 사자 석상의 머리를 가리켰다. 그리고 "내 상대방은 여기에" 하고는 사자의 꼬리를 가리켰다. 열렬한 박수가 쏟아졌다. 그러나 예언은 들어맞지 않았다. 벤자민 디즈레일리는 자신의 선거구에서 32표 중에 겨우 12표만 얻었다. 1831년의 일이었다.

이 젊은이가 이렇게 실망을 겪은 것이 이번이 처음은 아니었다. 유족한 연금 생활자이자 작가였던 아버지는 아들에게 영세를 받게 하고는 한 사립학교에 보냈다. 그러나 조숙했던 그는 급우들에게서 감탄과 조롱을 겪게 된다. 그는 몰래 3년 동안 권투를 배운 뒤 반에서 가장 싸움을 잘하는 아이에게 도전해 그를 의식을 잃을 때까지 두들겨 팼다.

그 일로 학교에서 쫓겨나게 되고 여동생에게 가장 위대한 사람이 되기로 결심했다고 장담했지만 호머가 될지 알렉산더 같은 사람이 될지 정하지 못하고 오락가락했다. 그러다 시인은 죽은 뒤에야 비로소 유명해진다는 생각에서 알렉산더가 되기로 결심하고 인생의 거대한 계획을 세운다.

20살 때는 증권에 손을 대고 한 신문사 설립에도 참여하며 소설도 한 권 썼으나, 증권투자로 재산을 몽땅 잃고 평생토록 빚에 눌려 산다. 설립에 참여했던 신문사는 신문이 처음 나오기도 전에 그가 먼저 나와야 했다.

그의 사회소설이 나오자 비평계로부터 "작가 자신에게 없는 고상함을 요구한다"는 비웃음만 샀다. 그러나 그는 낙담하지 않고 정계에 진출할 뜻을 품고 급진 좌파정당 후보로 나선다. 그러나 번번이 선거에서 떨어지고 만다. 그는 곧바로 문학으로 돌아와 서사시를 썼으며 스스로 호메로스, 베르길리우스, 단테, 그리고 밀턴의 작품에 비견했다. 그러나 그의 대표작은 놀림감이 되었다.

이에 굴하지 않고 그는 다시 정계로 눈을 돌렸다. 그는 위치를 구축하기 위해 런던에서 사교 활동에 몰입했다. "문득 내게는 멋지게 다듬어진 다리가 있다는 것을 발견했다. 여태까지는 몰랐다"고 하며 사교활동에 전념했다. 그리고 새로운 관계를 발판 삼아 다시 출마했지만 또다시 떨어지고 말았다. 그러나 그가 여동생에게 쓴 편지는 덤덤했다.

> "나는 전혀 낙심하지 않아. 결코 묵사발된 느낌이 없다고. 아마 패배에 익숙해져서 그럴 거야. 나는 저 유명한 이탈리아 장군처럼 말할 수도 있어. 그 장군은 사람들이 그에게 항상 이기는 이유가 뭐냐고 묻자, 그는 젊었을 때 항상 패배했기 때문이라고 대답했어."

한 모임에서 멜버른 수상이 그에게 무엇이 되고 싶냐고 묻자, 이 빈털터리 소설가는 수상이 되고 싶다고 대답했다. 그러나 이것은 너무 먼 목표 같았다. 빚이 50만 파운드에 달했으며 정견 발표회를 앞두고 변호사에게 그곳에 나가도 괜찮을지 아니면 빚쟁이들이 그를 구금할지 물어보아야 했다. 그 후 그는 급진 좌파에서 보수주의자로 완전히 전향했다. 이제 그는 극우파의 후보가 되었으며 네 번째 실패를 기록했다.

이제 그는 완전히 좌절했을까? 이 불굴의 사나이에게는 그런 생각을 할 틈이 없었다. 그는 의연히, 그리고 승리하리라는 신념을 갖고 투쟁을 계속했다. 이번에는 운명의 여신도 그를 도와주었다. 그를 쫓아다닌 나이든 여자가 그에게 의원 자리를 마련해 주었던 것이다.

드디어 그는 자신이 목표에 다가와졌음을 알았다. 그리고 하원의원들 앞에서 15년 전부터 꼼꼼히 준비한 연설을 했다. 그러나 그의 명연설은 끝까지 계속되지 못하고 하원의원들의 비웃음에 묻혀버렸다. 그런데 이런 사건도 그의 기를 꺾지는 못했다. 그는 아주 차분히 두 번째 연설을 하였으며 의원들은 예의를 갖춰 그에게 박수를 보냈다. 여동생에게 보내는 편지에 그는 "나는 의기양양하게 아주 멋진 연설을 했지" 라고 썼다.

그는 이제 출세가도를 달리는 듯했고 자신을 쫓아다니는 자신보다 15살 더 많은 여자와 결혼했다. 그녀의 연금수입은 8만 마르크였으며 그것으로 그가 빚을 다 갚지는 못할지라도 빚쟁이들을 달랠 수는 있었다. 그는 소설도 몇 편 썼으며 그것도 성공을 거두었다. 보수당에서 국정의 키를 잡으면 그는 장관이 되기를 바랐다. 로버트 필(1788~1850)이 내각을 구성할 때 그는 관례를 무시하고 장관직을 달라고 부탁했다. 그의 부인도 필에게 몰래 애걸하는 편지를 썼다. 그러나 필은 보드빌 가수처럼 살아온, 과정이 미심쩍은 자를 명예로운 내각에 받아들일 생각이 없었고, 필은 그들의 청을 거부했다. 그런데 필은 그것이 자신의 정치적 사형선고를 불러왔다는 것을 그때는 몰랐다.

디즈레일리는 절망하지 않았고 필의 반대당으로 갔다. 그리고 그에게 기회가 왔다. 필은 심한 양심의 갈등 끝에 자신의 신념에 따라 자유무역을 지지했으며, 이것이 알려지자 같은 당원들조차 경악했다. 디즈레일리는 곧 빈틈없이 준비한 치명적인 공격 수단과 혐의를 필에게 쏟아 부었다. 대다수 지주들이 디즈레일리를 따랐으며 필 정부는 실각했다.

이제 디즈레일리는 당 대표 자리를 요구했다. 그러나 지주들은 머뭇거리기만 했다. 무엇보다 당 동료들의 신뢰를 얻는 일이 절실했던 순간 이 겁이라곤 아예 모르는 자는 유대인에 뿌리를 둔 그리스도교의 원천을 다룬 신비한 소설을 들먹이며 지주들을 윽박질렀다. 다행히도 토리당원들은 소설을 읽지 않았으며, 디즈레일리는 드러내놓고 유대인들의 권리를 옹호했다. 보수당원들은 디즈레일리를 불신했지만 그를 포기할 수는 없었다. 몇 년 뒤 그는 당의 고위직에 올랐다.

한편, 무너진 보수당은 이후 30년 동안 과반수를 차지한 적이 한 번도 없었다. 디즈레일리는 짧은 기간 동안 존속한 소수당 정부에서 재무상이 되었을 뿐이었다. 아내가 연금을 많이 받았지만 그는 여전히 빚더미에 눌려 지냈다. 그러나 이에 아랑곳하지 않고 그는 70만 마르크를 주고 성(城)을 매입했으며 돈은 친구들에게서 빌렸다.

그의 나이 50, 60이 지나고 어느덧 70이 가까워졌다. 하지만 그는 이제 소수당의 대표도 아니었으며 적들에게서보다 자신이 속한 당에서 더 미움을 받았다.

하지만 그는 끄덕없었다. 아니, 그는 담쟁이처럼 장애물을 타고 자랐다. 스스로 배우고 단련하는 과정을 거치며 신경질적이고 건방지고 부자연스럽고 따분한 소년이 과묵하고 부드럽고 지혜로운 정치가로 성장한 것이다. 이제 그의 운명에서 두 번째로 큰 기회가 왔다. 자유당의 글래드스톤 장관이 제출한 선거권 확대 법안을 자유당 일부에서 반대했다. 디즈레일리는 글래드스톤 내각을 무너뜨리고 다시 재무상이 되었다. 그런데 자유당이 다수인 의회에서 버틸 수 있을까? 그는 이런 상황에서 어떻게 해야 할지 알았다. 변화무쌍한 노정에서 그는 자신이 소속된 당의 광기에 가까운 증오를 무릅쓰고 유례없이 과감하게, 그것도 글래드스톤의 법안보다 한 걸음 더 나아간 선거법을 관철시켰다. 온건한 글래드스톤마저도 철천지원수의 '극악한 행로'에 분개했다. 하지만 디즈레일리는 영국에 불멸의 공훈을 세웠다. 지방 지주들로 온건한 진보 정당을 만들어 주변의 다른 나라들과는 다르게 영국은 혁명이라는 혼란의 시기를 거치지 않을 수 있었다. 반년 뒤에 그는 수상이 되었으며, 얼마 지나지 않아 완전한 신뢰를 받았고, 여왕도 그에게 호의적이었다. 여섯 해를 쉬고 일흔 살 노인이 되어 디즈레일리는 다시 소수당 정부를 이끌었다. 그의 반대자들도 "일과 용기와 인내의 승리"라고 평했으며, 군중들은 그를 에워싸고 환호했다.

그는 6년 동안 열정을 다해, 전쟁의 위험에 휘말리지 않고 영국을 효율적으로 다스렸다. 유럽과 내각의 반대를 무릅쓰고 반러시아 정책을 관철시켰으며 터키를 구하고 영국제국주의의 아버지가 되었다.

그는 세상의 허영을 모두 내던졌다. 공작 작위와 웨스트민스터 대수도원 무덤 자리도 사양했다. 그의 관(棺)은 민중의 사랑속에 안장되었으며 그의 널받침 옆에서는 철천지원수들도 극심한 난관을 대담무쌍하게 극복한 그의 행적을 칭송했다.

타고난 용기와 배울 수 있는 용기

우리를 괴롭히는 일보다
우리를 놀라게 하는 일이 더 많다.
우리는 현실보다
환상에 더 자주 시달린다.

- 세네카

절망의 늪에 빠진 친구와 그 고민의 원인에 대해 이야기할 때 거듭 확인되는 것은 신기하게도 인간은 미래의 고통보다 현재의 고통에 더 잘 대처한다는 사실이다. 견디기 힘든 육체적 고통이나 극심한 가난이 아니면 오래지 않아 당연한 것으로 받아들인다. 천천히 아픔을 삭이면서 자신의 욕구를 새로운 상황에 맞춰가는 것이다. 실제로 절망에 빠지는 것은 미래에 예상되는 고통 때문이다. 미래의 지평이 짙은 뭉게구름 때문에 흐릿하면 현재 또한 견딜 수 없게 느껴진다. 다가올 고통의 규모와 기간은 어림짐작조차 어려운데 두려움은 환상의 날개를 달고 엄청나게 커지기 때문이다.

불행이여, 모습을 보여라.
형체가 없는 것만이
우리 마음을 누르고 두렵게 한다.
적이 자신을 나타내면
싸움은 반쯤 이긴 것이다.

- 그릴파르처

쇼펜하우어도 "큰 불행은 생각만 해도 치가 떨린다. 그러나 실제로 그런 일이 일어났을 때 우리가 처음 고통만 극복하면 우리의 기분은 거의 변화가 없다"고 허심탄회하게 말한 적이 있다. 이에 대해 겁쟁이는 그렇지 않다고 말하고 솔직한 사람은 그렇다고 말할 것이다.

그렇다면 이제 이렇게 말할 수 있을 것이다. 짓궂은 현실이 아니라 미래에 대한 판단착오가 바로 고통의 근원이라고. 셰익스피어가 "겁쟁이는 한 번 죽음으로 그치지 않는다"라고 했는데 이 간결한 말에는 아주 중요한 삶의 지혜가 담겨 있다.

용기는 삶에서 결정적인 자질 가운데 하나이다. 이것이 지혜와 짝을 이루면 무적에 가깝다. 상상 속의 고통 때문에 우리는 미래에 대한 그릇된 판단에 휩싸이게 되는데 용기는 이런 고통을 많이 줄여줄 뿐 아니라 투쟁자의 힘을 배가시키고 적의 힘을 반이나 빼앗는다.

전쟁, 운동경기, 협상, 사업 경쟁, 구애 행위를 보라. 큰일은 대부분 용감한 자만이 이룬다. 무슨 싸움에나 끝이 어찌 될지 확실하지 않고 또 패한 것처럼 보이는 순간들이 오기 때문이다. 그럴 때 겁쟁이는 싸움을 포기하고 타협점을 찾거나 질질 끌려가 곧 적에게 무기를 빼앗기고 만다. 프리드리히 대제는 《반(反) 마키아벨리 이론》에서 "두려움에서 생긴 것은 또한 그런 특징을 지니고 있다"고 했다. 두려움이 위험이 닥칠까 봐 덜덜 떨면서 오히려 그 때문에 여러 가지로 위험을 불러온다는 것은 옛부터 경험으로 아는 일이다. "두려움이 너무 많으면 유리잔이 깨진다"고 했다. 용감한 사람은 침착하며 그래서 일을 제대로 한다. 또 용기는 신체 감염에 대한 면역성까지 생기게 한다. 다음은 괴테의 이야기이다.

"나폴레옹은 페스트 환자들을 직접 찾아갔다. 두려움을 극복하면 페스트를 이겨낼 수 있다는 본보기를 보이려는 것이었다. 과연 그가 옳았다! 내가 겪은 사실을 이야기하는 것인데, 티푸스가 발병해 나도 어쩔 수 없이 감염에 노출된 상황이었다. 나는 단호한 의지로 병을 물리쳤다. 그런 경우 의지할 데라곤 정신적인 의지뿐이었는데 어찌 그렇게 되었을까! 의지가 몸에 스며들어서 몸을 활동 상태로 만들어 해로운 영향을 모두 격퇴한 것이었다. 이와는 달리 두려움은 나약하고 둔한 상태로서 모든 적들이 우리를 차지할 수 있다. 나폴레옹은 이것을 너무나 잘 알았으며 또한 자신의 군대에 감동적인 본보기를 보여줄 만한 일을 아무것도 하지 않았다는 것도 알고 있었던 것이다.”

용기는 배울 수 있는가? 대답하기 쉽지 않은 질문이다. 일반적으로 용기는 선천적인 자질의 하나로써 나쁜 일로 시야가 암담할 때 마음의 평정과 정신과 마음의 기능을 유지하는 능력을 말한다. 용기는 단순히 위험을 본체만체하고 깔보거나 감수하는 것을 의미하지 않는다.

용기는 민첩한 지각능력이나 예리한 눈처럼 필연적인 것이다. 용기가 무모함으로 치달아선 안된다. 용감한 사람이라고 예방조치를 취하거나 퇴로를 마련하지 말라는 법은 없다. 결정적인 것은 위험이 눈앞에 닥쳤을 때 심장박동이 빨라지느냐 아니냐이다. 많은 사람의 경우 술을 적당히 마시면 어느 정도 기분이 좋아지는데, 용감한 사람들은 늘 이런 상태에 있기 때문에 그들에게는 위험과 압박감이 적어 보이고 결단력은 커진다. 그들은 한 층 더 높은 곳에 있는 셈이다. 이것을 대담성이라고 부를 수 있는데 이런 용기는 배울 수가 없다. 이것과 다른, 겉으로 용기 있는 모습을 보여주는 '태도'는 배울 수 있다. 태도는 익혀 자기 것으로 만들 수 있다. 태도는 가르치고 단련하기 나름이다.

겁쟁이는 늘 허깨비를 본다. 쓸데없는 걱정이 많다는 뜻이다. 그를 치료하려면 그에게 상당히 많은 경험적 사실을 새겨주어야 한다.

첫째, 조마조마한 사건들이 많이 덮치지는 않는다. 둘째, 큰 불행의 실제 모습은 두려움이라는 확대경으로 보았을 때와 다른 경우가 많다. 셋째, 다가올 고통의 상상은 실제 고통의 열배이다. 지레 걱정을 할 필요가 없는 것이다.

두려움에 빠진 사람은 이런 상식을 인정하긴 하겠지만 자기 것으로 만드는 단계에는 이르지 못한다. 여러 보기를 들어 말해도 겨우 근심의 껍데기나 꿰뚫을 수 있을까. 그러므로 다른 힘을 끌어와야 한다. 먼저 인정 욕구를 불러내어 인정 욕구에 맞붙게 해야 한다. 전장에서 싸워본 병사는 전장에서 다른 사람의 눈빛이 얼마나 엄청난 구실을 하는지 알고 있다.

그러나 두려움의 실질적 치유는 심오한 세상의 연관성을 이해할 때에만 가능하다. 넓게 보아서 한 인간의 용기는 이 세상의 낱낱 재물에 어떤 가치를 두는지에 달려있는 것처럼 보이기 때문이다. 인간은 쉽게 없어질 수 있는 자산, 즉 부, 명성, 사회 경력, 그리고 다른 사람들의 판단에서 삶 자체까지 집착하면 할수록 더 소심해진다.

이와는 대조적으로 죽음을 두려워하지 않는 자는 무서울 게 뭐가 있을까? 정신적으로 '자급자족'을 이루고 자신을 가질수록 이 세상의 위험에 용감히 대처할 수 있다. 위험을 명확하게 보되 경시하지 않는 용기는 '신경이 없는 사람'의 타고난 대담성과는 다르며, 또 가슴까지 두근대지 않게 되지는 않았지만 어렵사리 손은 떨리지 않게 연습된 '태도'와도 다르다. 이성적인 용기라고 부를 수 있는 이 용기는 개인 내면의 가치체계에 결정적인 영향을 받는다.

참된 가치체계를 인식하기란 쉽지 않다. 괴테의 조언을 이용하지 않는 사람은 두려움과의 싸움에서 승리하기 어렵다. 괴테가 소설 《빌헬름 마이스터의 편력 시대》에서 그린 이상 사회에서 구성원들은 결코 과거나 미래 이야기를 해서는 안되고 지금 현재에 대해서는 말해도 된다는 이상한 규정이 시행된다. 괴테 역시 이 원칙에 따라 살았다. 새 병사를 선발하거나 썩어 가는 장서들을 정리해야 할 때는 그는 그때마다 현재에 전념했다.

> "현명한 사람들은 모두 이 시간이 전부라고 생각하며 분별 있
> 는 사람의 덕목은 스스로 삶을 결정할 때 삶이 가능한 한 의미
> 있고 즐거운 순간들로 채울 줄 안다는 것이다."
>
> − 괴테

대부분의 사람들은 날마다 내일을 위해 오늘을 희생한다. 그들은 주어진 일을 곰곰이 생각하고 해결하는 것에 만족하지 않고 근심 걱정과 함께 미래의 짐까지 잔뜩 짊어진다.

첫 걸음을 내딛지 않으면 둘째 걸음도 내딛을 수 없는데도 미리 쉰 번째, 백 번째, 천 번째 걸음을 생각하며, 그래서 앞일을 장악하는 것이 아니라 그것에 사로잡혀 산다. "앞에 놓인 일을 한다. 그리고 어떻게 되는지 기다린다"는 요한네스 뮐러의 글에 담긴 지혜가 새삼 돋보인다.

많은 사람들이 과거, 현재, 미래에 대해 보이는 태도 또한 재미있다. "그때가 좋았지" 하며 과거는 미화하고, 미래는 암

울하게 그려 놓고 절망하며 현재는 걱정과 회상에 빠져 즐기지 못하고 헛되이 보낸다. 그러나 실재는 현재뿐이며 그것을 움켜쥐지 못한 삶은 결코 삶이 아니다. 그러므로 우리는 먹고 살 정도만 되면 그 시간을 미래의 구름으로 덮지 말고 즐겨야 하며, 그런 시간이 미화된 과거의 제국으로 내려갔을 때 비로소 그 가치를 높이 평가하는 일은 없어야 할 것이다.

두려움과 싸움은 배울 수도 있고 연습할 수도 있다. 세네카는 "흠씬 두들겨 맞은 적이 전혀 없는 레슬링 선수는 싸움에서 큰 용기를 발휘할 수 없다. 그러나 피를 흘려 보고, 주먹싸움을 벌이다가 이가 부러지고 밑에 깔려 상대방의 무거운 몸무게에 짓눌리고 바닥에 내팽개쳐지고 쓰러질 때마다 용기를 잃지 않고 굳세게 다시 일어난 자는 큰 희망을 간직한 채 싸움에 나선다"고 말한다.

하지만 '태도', 다시 말해 원칙에 기초한 용기가 타고난 담력을 대신할 수 있을까? 또 과연 용기 있는 과감한 사고와 지구력까지 갖춰져 있을까? 아니면 단순한 대체물인가?

그럼에도 불구하고 스토아 철학의 가르침은 새겨둘만하다.

감정 표현을 다스리는 법을 배운 사람은 자신의 감정을 다스리는 법도 배울 것이다. 특히 충동적인 결심에서 나온 것이 아니고 가치체계의 올바른 인식에서 비롯된 태도라면 차츰 손떨림뿐만 아니라 심장이 빨리 뛰는 것도 없어질 것이다.

용기와 두려움 문제에도 몇 가지 처방이 있다. 미래 문제는 밝은 아침에만 생각해야 한다. 결코 잠을 이루지 못하는 시간에 머릿속으로 미래를 그리도록 우리의 상상력을 내버려두어서는 안된다. 어둠 속에서는 하찮은 물건도 허깨비가 될 수 있다.

근심을 잘 하는 사람은 근심거리 목록을 만들어 보자. 반년 뒤에 다시 훑어보면 얼마나 쓸데없는 근심을 많이 했는지 보일 것이다.

무엇보다도 가족이나 친구들 가운데 주저않고 모든 근심거리를 이야기할 수 있는 사람이 있어야 한다. 위안을 구할 수 있어서가 아니고 우리와 같은 살아있는 사람에게 터놓고 말하면 근심이 지닌 우울하고 막연하고 답답한 면이 떨어져나가기 때문이다.

마지막 수단이 또 있는데 이것으로는 용기를 넘어 무모함까지 얻을 수 있다. 비스마르크는 왕에게 올린 글에서 이것에 대해 다음과 같이 썼다.

"폐하의 고위 대신들은 반드시 샴페인을 더 마시도록 조처해 주십시오. 반 병을 마시지 않은 사람은 아무도 내각회의에 들어올 수 없습니다. 그럼으로써 우리의 정치가 곧 괄목할만한 빛을 띠게 될 것입니다."

술은 사실 근심과 싸움에 필요한 무기라는 것은 나름대로 근거가 있다. 그러나 해롭지 않게 사용하려면 제대로 다루어야 한다.

모두들 술에 취하지 않을 수 없지.
젊음은 술 없이 취함이요
노년은 술로 다시 젊어지네.
이것이 바로 굉장한 미덕 아닌가.
근심걱정은 즐거운 삶이 맡아 돌보고
포도나무는 근심을 깨누나.

- 괴테

당신을 위한 위로의 경구

겁 많은 생각,
근심스러운 망설임,
여자처럼 주저주저,
주눅이 든 모습과 푸념에도
불행은 바뀌지 않고
너를 놓아주지도 않는다.

온갖 힘에 맞서
자신을 지키며
휘어지지 않고
강한 모습을 보여
신들의 팔을
불러내라.

- 괴테

세상은 부드러운 죽으로 이루어진 것이 아니다. 그러니 얼간이처럼 굴지 말라. 딱딱한 빵조각을 깨물어 먹을 때에는 목이 막혀 죽거나 소화시킬 수밖에 없다.

- 괴테

"주사위가 여지없이 떨어지는" 이 세상을 살아가려면 운명과 사람들의 공격에 끄떡 않는 철석같은 의지가 필요하다. 삶 전체가 투쟁이며 한 걸음 한 걸음이 모두 도전의 연속이다. 볼테르가 이 세상을 두고 "사람은 오직 칼끝에서만 성공하며, 죽을 때도 무기를 들고 죽는다"라고 말할 정도인 것이다. 그래서 소심한 사람은 구름이 몰려오거나 멀리 지평선이 보이기만 해도 몸을 움츠리며 겁을 먹고 칭얼대는 것이다. 위험한 일이 어떻게 끝날지 아직 확실하지 않은 상황에서 좋은 결과가 나올 가능성만 존재한다면 주저하지 말고 버틸 생각만 해야 한다. 하늘에 푸른 곳이 한 점이라도 있는 한 날씨를 놓고 비관해선 안되듯이 말이다.

- 셰익스피어

3월 바람이 부는 봄
가지마다 새싹들이 가득 매달려 있을 때
그들은 내게 주저주저 물었지.
여름은 무슨 말을 할까?

낟알이 주렁주렁 매달렸을 때
햇볕이 땅에 쨍쨍 내리쬐었지.
그러자 그들은 한숨을 쉬며 침묵했네.
곧 가을바람이 불겠지 하고.

가을바람이 나무들에게 불어
나뭇잎 하나도 남겨두지 않았지.

그들은 서로 바라보았지.
그 뒤에 나쁜 날씨가 오고 있네.
잘 생각해 보니
겨울도 갑자기 왔었지.
가엾고 불쌍한 사람들,
오늘 와서 무엇을 어떻게 한다지?

그들은 난로 뒤에 조용히 앉아
날씨가 풀리는지 기다리며,
내일을 근심하고
걱정하네.

- 구스타프 팔케

제발 근심을 내버려 두어라,
모든 일이 다 잘 될 것이다.
하늘이 무너져도
종달새 한 마리는 구사일생한다.

- 괴테

멋진 삶을 설계하려면
지난 일은 관심을 두지 말아야 한다.
네게서 뭔가 없어진 듯해도
항상 갓 태어난 것처럼 행동해야 한다.
하루하루가 무엇을 바라는지 물어야 한다.
하루하루는 원하는 것을 말할 것이다.

자신의 행위를 즐기면

다른 사람이 한 일을 좋아하게 될 것이다.

특히 어떤 사람도 미워하지 말고

나머지는 하느님께 맡겨라.

- 괴테

4부

유머

폰 타 네

유머에 대해 지금 많이 이야기하지만
그러면서 헛된 장난만을 떠올린다.
더러는 농담만 잘하는 사람을
해학가(諧謔家)라고 알아주기도 한다.
그는 그저 익살꾼으로서
내적 모순도,
우주 전체를 관통하는 갈지자 길과
깊은 단층도 모른다.
우주가 산산조각 날까 늘 두려워할 뿐이다.
그러나 터진 세계는
여전히 무너지지 않고 한데 붙어 서 있다.

- 피셔

폰타네
Theodor Fontane(1819-1898)

1819년 독일 노이루핀에서 태어났다. 아버지의 직업을 이어받아 약사가 되었으나 그 직업을 포기하고 문필가의 생활로 접어들었다. 프로이센 정부 신문의 통신원 자격으로 런던에 체류했고, 여러 신문에 기고를 하며 마르크 브란덴부르크 여행기와 세 번에 걸친 비스마르크 통일 전쟁 체험기를 집필하였다. 그러나 정작 본격적인 전업 소설가의 길로 들어선 것은 그의 나이 예순이 다 되어서였다. 역사적인 내용과 동시적 정치·사회상을 해학적이고 풍자적인 기법으로 담아내는 발라드 시인으로 출발했던 폰타네는 그의 첫 번째 소설인 대하 역사 소설 《폭풍 이전》부터 마지막 소설 《슈테힐린》에 이르기까지 과거의 사회·문화적 가치관이 붕괴되기 시작하는 19세기 말의 독일 사회상을 뛰어난 해학과 반어를 통해 표현하면서 독일의 대표적 사실주의 작가로 떠올랐다.

주요작품으로 향토와 인간에게 깊은 이해를 보인 《마르크 브란덴부르크 기행》(1862~1882), 59세에 쓴 최초의 장편소설 《폭풍 앞에서》(1878), 프로이센 시대의 베를린을 무대로 사회비판적으로 인간관계를 풍자한 《얽히고 설킴》(1888), 《에피 브리스트》(1895) 등이 있다.

가난과 불안정에서 행복을 꽃피운 폰타네

내가 처한 이곳 상황을 보고 더러는 절망적으로 여기기도 할 것이다. 하지만 나는 이 문제를 내 아들 게오르게가 하는 식으로 대한다. 처음으로 부대에 배치받았을 때 그는 "이제 음악을 아주 가까이에서 들으며 행진할 수 있어서 좋다"고 적어 보냈다. 몇 주 뒤, 네 번째 부대와 마지막 부대에 도착해서는 그곳에 맞춰 변화되어 있었으며 "지금은 바로 뒤따라오는 대대의 음악을 들어서 좋다"고 했다. 그가 옳다. 항상 중요한 것은 어디서 어떻게 행군하든 어디서나 인생의 음악을 듣는 것이다. 대부분 사람들은 불협화음만을 듣는다.

- 폰타네

1819년 쇼펜하우어의 《의지와 표상으로서의 세계》가 출간된 해에 그와 대조되는 삶을 살았던 테오도어 폰타네가 태어났다. 그는 아버지를 따라 약사 일을 익혔지만 서른이 되자 그만두고 작가가 된다. 다행히 그는 앞으로 그에게 무슨 일이 닥칠지 알지 못했다. 그가 쓴 책은 25년 동안 한 권도 성공을 거두지 못하며 어느 곳에서도 확고한 기반을 잡지 못한다. 그는 신문 기고나 개인 교습으로 비참하게 살다가 말단 공무원직을 얻고 결혼도 하지만 여섯 달 뒤 부서가 해체되는 바람에 일을 그만 둔다. 여기에 아버지가 파산하고 부모가 이혼하는 와중에 첫째 아이까지 태어난다. 안정되고 유복한 환경에 젖어 살았던 그의 아내 에밀리에는 성격이 까다롭고 다루기 힘든 여자였다. 그러나 젊은 폰타네는 지치지 않고 삶의 지혜를 그의 아내에게 가르친다.

"사람들과 틀어지지 않도록 주의해요. 우린 아마 틀림없이 옛날 자리로 돌아갈 것이며 그러면 늘 해오던 것보다 세상에 더욱 더 맞춰 살아야 할거요. 마음을 조금 가다듬고 더 너그럽게 평가하고 요구는 더 삼가야 합니다. 이제부터는 사람들을 있는 그대로 받아들입시다. 이건 동서남북 어디든 늘 다를 게 없으며, 다른 사람들이 잘못하면 비난하고 혹평하는데 우리도 단점이 있다고 생각합시다. 물론 지저분한 인간이나 꼴보기 싫은 친구가 앞에 있을 때 누구나 '형제님'이라 부르라는 말은 아니오. 하지만 때로는 선택에 따라 또는 우연히 인간관계를 형성한 모임에서는 가능한 한 트집잡기를 삼가고 입조심을 합시다. 뭐라고 웅웅 소리를 내거나 말도 안되는 헛소리를 해도 그냥 놓아둡시다.
　　이제부터는 우리가 쓰는 잣대를 조금 짧게 잡고 몹시 지겨울 때라도 우리가 참는 것을 다른 수백만 명도 함께 견디고 있으며, 혼자만 특별한 것을 요구하는 것은 괜한 허영이라고 굳게 믿고 마음을 달랩시다. 나도 지금 말한 지혜를 지키지 못하는 일이 자주 있을 거라고 알고 있소. 그러나 행동의 기준이 있고 그에 따르겠다는 선한 의지가 있는 것이 없는 것보다는 낫지 않겠소."

폰타네의 두 아이는 태어나자마자 죽었다. 가난한 폰타네는 조금씩 생기는 사례금과 친구에게서 빌린 돈으로 연명했다. 그의 장모는 딸이 이렇게 '청승맞은 결혼생활'을 하는 것을 보고 욕을 했다. 그는 다시 약국 일을 시작하려고 했지만 그만한 돈이 없었다. 다음은 그가 아내에게 쓴 글이다.

당신이 살아온 세월에 행복이 없네.
당신은 너무 많은 행복을 바라고 있소.
당신의 바람에 한도와 한계를 두시오.
그러면 목표가 당신을 만나러 올거요.

당신 마음에 아직도 신념이 있으면
무딘 잡초처럼 썩어 문드러지게 하시오.
당신이 바로 삶의 행복이기에
당신은 두 배로 그것을 요구해야 하겠지요.

행복은 어떤 기사도 붙잡을 수 없는 것,
이곳에도, 저기에도 없지요.
마음을 다잡고 비우는 법을 배워요.
그러면 모르는 사이에 행복이 피어나지요.

아들 게오르게에게는 다음과 같이 쓴다.

“너는 씩씩한 사내아이이고 이 세계를 아름답게 보고 있지. 변
비에 시달리는 몇몇 사람들이 결점투성이인 세상이라고 일컫
는 말에 마구 흔들리지 마라. 너는 내게 모든 게 ‘아주 좋다’고
하고 달착지근한 커피에도 ‘정말 달다’고 외치지. 그거야. 나는
그런 게 좋다. 생기발랄한 아이로서 모든 것을, 아주 딱딱한 경단
이라도 ‘아주 좋게’ 보겠지. 철학자들이 골똘히 생각하며 목다리
로 휘젓는 쓴 침전물은 아예 없고 모든 게 순수한 설탕일 거야.
계속 그렇게 나아가라. 설령 군수가 되지 못해도 더 높은 것을
이룰 수 있다. 바로 행복이다. 다른 면에서라면 네게 다른 본보
기를 권하고 싶지만 이런 점에서는 아버지를 모범으로 삼아라.”

편지는 런던에서 보낸 것으로, 당시 그는 런던의 프로이센
대사관 홍보담당관으로 있었다. 그때 경제적으로 나아져 가족
까지 불러들였으나, 4년 뒤 내각이 바뀌면서 이런 생활도 무너
지고 만다.

이제 그는 크로이츠 신문(1848-1939)의 편집인이 된다. 그러나
10년 뒤 자유를 포기할 수 없어 자리를 내던진다. 아내 에밀리
에에게 쓴 편지에는 다음과 같이 적혀 있다.

“지금까지 해온 것처럼 첫째 가난하고, 둘째로 불안한 생활을
함께 해야할 테니 두 생각을 진지하게 받아들이도록 해야겠소.
가난한데다 불안하기까지 하니 당연히 달갑지 않을거요. 삶에
어떻게 해야 하는지 안다면, 또 용기, 즐거움, 신을 믿는 마음이

있다면 이 글은 슬프게 들릴 것이오. 우리는 대체로 이런 방안에 따라 20년을 살고 있으며, 비록 가난하고 불안하지만 잘 살아왔지요."

1870년, 그는 종군기자가 되지만 붙잡혀서 간첩 혐의로 총살될 위험에 처했고, 간신히 풀려난 뒤에는 세계 전쟁을 주제로 한 방대한 저서를 세 권이나 출간한다. 그러나 그 책들은 철저히 실패하고 만다. 친구들이 그에게 예술 아카데미에서 편안하게 일할 수 있도록 비서직을 마련해주었지만 그마저도 석 달 만에 그만둔다. 이제라도 창작 활동에 전념하며 자유문인으로서 살고 싶었던 것이다. 아내가 법석을 부리자 그는 이렇게 대답한다.

"십자가를 진, 가난하고 서러운 여자일지 모르겠다는 상상에 현혹되지 않았으면 좋겠소. 다 아주 바보스러운 짓이요. 아내로서, 그리고 아이들의 어머니로서 평생을 살아온 것만으로도 당신은 그지없이 훌륭한 여자요. 그런 처지에 있는 사람은 몇 명 안되지요. 나는 당신이 돈다발 수로 행복을 평가할 정도로 형편없는 여자라고는 생각하지 않으며, 또 그럴 이유도 없소. 하느님이 내 건강을 지켜주시면 곧 다시 자리를 확실히 잡을 거요. 나는 나를 기다리고 있을 궁핍도 내적, 외적 부자유만큼 끔찍하진 않소. 삶에서 정말로 바람직한 호사가 있는데 그것은 서로 함께 산다는 것이오. 현대인들은 수준을 낮춰 플러시 가구를 선호하지요. 나는 그런 엄살쟁이들과 같이 되고 싶지 않소."

또, 한 여자친구에게도 다음과 같은 글을 보낸다.

"국가라고 부르는, 지겹고 엉망진창인 거대한 체제에 종사하는
것이 영예라는 허황된 생각이라니. 울란트의 '봄 노래'나 파울
게어하르트의 시 한 구절이 삼천 가지 정부 포고령보다 더 소
중합니다. 인간의 터무니없는 허영, 찬사와 헛된 명예를 좇는
성향, 옛 귀족을 초대하고 싶어 안달복달하거나 야회복에 브뤼셀
산 레이스를 붙여 입는 여자를 갖고 싶은 마음, 이 모든 역겨운
짓거리 때문에 현대인은 아주 단순한 진리에도 마음을 닫고 살
며 진정한 행복을 주는 것, 즉 평화와 자유에도 무관심해지지요."

위대한 결심이 위대한 전환을 가져다준다. 이제 이 60대가
된 작가는 처음으로 소설 집필을 시작하게 된다. 6년 동안 10여
권이 나오는데 작품이 거듭될수록 내용이 더 좋아진다. 돈은
별로 생기지 않았지만 명성을 얻으며 쉴러 문학상과 명예박사
학위를 받는다. 그의 생활철학은 한결같다. 다음은 둘째 아들
에게 보낸 글이다.

"기쁜 마음으로 네 편지를 읽는다. 행복을 말하는데 누구나 행
복할 때가 있으니 그것은 큰 의미가 없다. 그보다는 말 하나하
나에서 네가 행복하게 살 줄 안다는 것을 알 수 있어서 더 기쁘
다. 핵심은 바로 그것이지. 재수에 옴 붙은 자들이 없진 않지만
길에 놓여 있다는 점에서 행복과 돈은 대체로 같다고 볼 수 있

다. 그것을 발견하고 주울 줄 아는 사람의 것이지. 내가 완전히
착각한 것이 아니라면 너는 네 애비에게서—초로 말고 시간으
로 말해—열 시간에 열 가지를 즐기는 소질을 물려받은 것이
틀림없다. 그런 소질이 있는 자는 '잘 태어난' 것이지. 정말로 내
게서 물려받았다면 그 가치가 적어도 5만 마르크는 될거야. 덕
분에 자부심과 안도감이 생기는구나."

그가 생애 일흔 번째 성탄절을 맞아 쓴 글에는 쾌활함과 우
울함이 같이 묻어난다.

다시 맞은 크리스마스 축제
나머지가 점점 작아진다.
모두 합계를 내본다.
곧은 것, 휘어진 것,
편편한 것, 바른 것,
좋은 것, 나쁜 것 —
모든 섞갈림을 계산하니
'잘 산' 삶이 나오네.
이 크리스마스 축제에는
그렇게 할 줄 아는 게 제일이지.

유머는 강력한 생존의 무기이다

명랑한 사람은 틀림없이 그럴 만한 원인이 있다. 그 자신에게 원인이 있기 때문이다. 이런 성격은 다른 어떤 자산으로도 완전히 대신할 수 없다. 젊고 아름답고 부유한데다 존경까지 받는 사람이 행복한지 알려면 명랑한지 물어보라. 그가 명랑하면 젊거나 늙거나, 등이 반듯하거나 굽었거나 가난하거나 부자거나 한 것은 문제가 되지 않는다. 중요한 것은 그가 행복하다는 사실이다.

다음은 베를린의 동물학자인 헤크가 옛날 기억을 떠올리며 한 이야기이다.

프록코트(19세기에 착용한 주머니 없는 남성용 조끼)와 실크해트(원통형 예장용 모자) 차림으로 장례식에 가는 길이었다. 그는 달리는 전차에 뛰어오르다가 미끄러졌다. 머리에서 뻣뻣한 모자가 벗겨지고 그는 그것을 잡으려다 길 한가운데, 바로 그 실크해트 위로 떨어졌다. 이때 마차를 몰던 한 마부가 고개를 흔들며 외쳤다.

"거, 뭐하는 거야. 그런 재주 부린다고 밥이 생기는 것도 아닌데."

이 사건에는 익살에 필요한 요소가 모두 들어 있다. 한 사건에서 완전히 대조되는 두 가지가 연관된 상태에서 한쪽이 언명되지 않고 암시만 될 때 우리는 익살스럽게 느끼기 때문이다. 여기에서는 헤크에게 일어난 얄궂은 사고와 마부의 기이한 생각, 헤크가 의도적으로 그런 재주를 보인 것에 마부가 무언의 암시만 한 점이 대조를 이루고 있다.

세상에서는 욕구와 실행 사이의 벌어진 틈바구니에 자주 대조가 나타나며 불행이 특히 자신에게 닥칠 때 화를 내는데, 이와 달리 밝은 면을 볼 줄 아는 사람도 있다. 이럴 경우 우리는 유머가 있다고 한다.

유머는 기지(機智)의 훌륭한 형제이다. 유머는 기지보다 사랑에 앞선다. 기지는 기묘한 사건들을 장난스럽게 바라보며 삶에서 잘라내어 현 존재의 결점을 들춰내며 만족한다. 그러나 유머는 그것들을 세상만사의 범주에 집어넣어 우리가 그것에서 벗어날 수 있도록 도와준다. 유머의 그윽한 눈길은 영원을 향해 거니는 동안 속세의 다양성을 느끼고 인정하며 세태의 압력에서 벗어나게 해준다.

유머는 생존 투쟁에서 가장 강력한 무기 중 하나이다. 그러나 처방전을 써 줄 수 있는 종류가 아니며 물론 약국에서 얻을 수도 없다. 폰타네에게도 없다. 전혀 유머가 없는 사람, 다시 말해 말 그대로 물과 진이 다 빠져 메마르고 따분한 사람에게는 이 특별한 재능을 갖게 해 줄 수 없다. 유머를 설명해 줄 수는 있지만 가르쳐 줄 수는 없다. 그러나 유머에 소질이 있는 사람이 소질을 살리는 것은 가능하다.

가차 없이 엄격한 태도가 가장의 의무에 속한다고 생각하는 사람들이 많다. 그러나 염세주의의 원조인 쇼펜하우어도 이렇게 말한다.

"명랑함이 나타나면 언제든 항상 문을 활짝 열어주어야 한다. 이모저모 살펴보아 만족할 까닭이 있는지 또는 진지한 생각과 깊은 걱정에 빠져 그렇지 못할 거라고 두려워하거나 주저하지 말고, 우선 알고나 보자는 마음으로 길을 열어주어야 한다. 그로 인해 무엇이 좋아질지는 확실하지 않다. 그러나 명랑함만큼은 바로 얻을 수 있다. 그것은 행복을 살 수 있는 주화와 같은 것이며 은행에서 발행한 수표와는 전혀 다르다. 현금만이 지금 현재 행복하게 해 줄 수 있는 것이다."

유쾌한 삶을 살려면 조금 거리를 두고 사물을 바라볼 줄 알아야 한다. 일에 푹 빠진 사람, 앞만 보고 일하는 활동가는 유머를 잘 쓰지 않으며 온갖 경기의 나폴레옹들도 유머가 거의 없다. 실독증(失讀症, 신체적으로 이상이 없고 글을 읽을 수 있는 능력이 있는데도 글을 제대로 읽지 못하는 병)은 과감무쌍한 행동의 조건이지만 세상사를 밝게 보는 데는 아무 소용이 없다. 여기에도 대가가 따르기 마련이다.

활동의 세계는 자기중심적인 모습을 보이지만 유머를 지닌 사람은 자신의 일을 너무 내세우지 않는다. 자기 자신을 보는 시선이 세계를 보는 시선을 가로막는 일은 그에게 없다.

> 나는 명랑한 사람이 좋다.
> 내 손님 중에 있다면 더할 나위가 없지.
> 자신을 웃음거리로 만들 줄 모르는 이는
> 최상류가 아니다.
>
> - 괴테

자기 자신의 울타리를 벗어난 사람은 같은 인간에게 관대하다. 이 관용에 대해 폰타네는 어머니에게 다음과 같이 말한다.

"에밀리에가 이것저것 마음에 들어 하지 않을 때는 대개는 뭔가 그럴만한 까닭이 있지요. 그러나 문제는 도리에 맞다고 다가 아니라는 점입니다. 함께 사는 사람이 온갖 어처구니 없는 바보 짓을 해도 명랑하고 또 상냥하게 대할 수 있어야 하지요. 까다 롭게 굴지 말아야 합니다. 에밀리에에게는 이 관용, 이 온후함, 멋진 유머가 없어요."

그러나 유머의 참된 기초는 더 깊은 곳에 있다. 유머는 이 세상이 해결할 수 없는 긴장관계로 가득차 있으며 바로 이 큰 대립의 불가피성 때문에 우리는 늘 절망만 되풀이한다는 무의식적 지각을 기반으로 삼고 있다. 운명이 우리에게 가한 타격은 우연의 장난도 우발적인 악의의 결과도 아니며, 세계의 구조에 닿아 있다.

베르길리우스가 "sunt lacrimae rerum"라고 말했듯이 '인간사 (人間事)에는 눈물이 있는 것이다'. 바로 그래서 고통은 견딜만한 것이다. 우리는 우발적으로 생긴 짜증스러운 일보다도 근원적인 사건을 더 침착하게 견디지 않는가. 인간의 소망에 비해 세상은 당연히 빈약하며 이 불충분성을 한 번만 받아들이면 낱낱 현상들을 기꺼워할 것이다. 불행을 당한 사람이 밝은 면도 볼 수 있을지의 여부가 대개 그의 처세술과 내면의 단계를 결정한다.

당신을 위한 위로의 경구

삶의 기쁨이란 무엇일까? 우리 안에는 삶의 감동과 생명력 그리고 삶에 대한 의욕이 출렁이고 있으며, 이들은 한줄기 빛처럼 우리에게 들어와 우리 의식을 가득 채운다. 즐거운 행사라는 시냇물들로 이루어진 즐거움은 삶의 환희가 아니며 물 유입이 중단되면 곧 말라붙어 버린다. 그러나 삶의 감동에서 무한히 솟아나는 욕망은 결코 멈추지 않는다.

참된 삶의 기쁨에는 이유나 사연이 없다. 그 자체가 우리의 존재에 발산된 열, 우리의 삶을 비추는 빛, 우리 자아에게 뿌려진 향기인 것이다. 삶의 기쁨은 우리의 상황이나 체험 때문에 상승하거나 억제되기도 하지만 본질적으로 서로 상관이 없으며, 따지자면 우리에게 일어나는 모든 일보다도 차원이 높다. 우리의 성품과 생활에서 솟아나기 때문이다. 건강하고 정상이면 바로 삶이 기쁜 것이다. 끈질긴 생명에서 힘찬 활동이 나타나며 그만큼 삶의 기쁨도 우리 안에서 더 강한 힘을 펼친다.

삶의 향상이 이루어질 때마다 삶의 기쁨은 커지며 무기력은 삶의 기쁨을 약화시킨다. 그러므로 내적 긴장과 삶의 기쁨을 고양하는 모든 상황과 체험은 지각력을 높이고 삶의 힘을 키우며 삶의 기쁨을 자극해 불타오르게 할 것이다.

그러나 우리를 박살내어 뭉개고 우리의 기운과 내적인 힘을 빼고 긴장을 풀리게 하는 것들은 삶의 기쁨을 약화시키고 목을 조른다. 상황과 체험에 즐거운 면과 고통스러운 면이 있다는 뜻이 아니다. 잘나가고 형편이 아주 좋은데도 정신생활이 황폐해지면 삶의 기쁨이 시들 수 있으며 좋은 형편에 힘입어 활력이 살아나거나 세차게 솟으면 삶의 기쁨이 불붙고 활활 타오를 수 있다는 말이다.

언뜻 보기에 큰 불행과 감당하기 힘든 일이 닥치면 삶의 기쁨도 시들 것처럼 보인다. 그러나 한동안 그것을 알아채지 못하고 우리의 온갖 힘과 정신의 고통스러운 긴장만이 느껴질 때에도 삶의 기쁨은 사라지지 않는다. 우리의 정신력이 반대 압력을 이용해 압력을 이겨내고 또 자아가 세력을 잡으면 삶의 기쁨이 다시 나타나며 무덤과 폐허에도 햇살이 퍼지기 시작한다.

- 요한네스 뮐러

비록 삶이 고통으로 가득하고
항상 비극이 끼어들더라도
아, 우리 가슴에는 햇빛이 있네.
기쁨이 한여름처럼 즐겁게 자라게 하라.
없앨 수 없는 많은 환희, 당연히, 틀림없이
우리를 번민에서 벗어나게 할 거야.
위로, 아래로, 정신없이 노는 아이들처럼.
그대로 계속하면 높은 목표에 이른다.

숲에다 노래하라! 초원을 가득 채워라!

견습생, 사냥꾼과 함께 걷고
말을 타고, 갈색머리 리제와 춤을 추어라.
바커스 축제에 심벌즈를 치고,
세상을 여행까지 하면 세상이 낙원이 될 거다.
바알세불(악마)이 너희들 가방을 나르며 시중든다.
지갑에 3마르크 80페니히가 있다면
다음 시구가 가슴에 들어올 것이다.

높이, 수르숨 코드라!(마음을 드높이 주님께 올려라!) 만세, 모자를
흔들어라!
모든 근심일랑 타르타로스(지옥)에 던져버려라!
그러면 유쾌함이 너희 천막을 지켜줄 것이다.
짜증과 불만이 폭풍에 날아간다.
마지막으로 '다음과 같은 교훈'이 도움이 될지도 모르지.
체에서 짜낸 마지막 한방울
삶의 꽃은 현재라네,
그것을 따지 않으면 스스로 골탕을 먹지!

- 릴리엔크론

새 한 마리가 끈끈이 위에 앉아 있다.
아무리 파닥거려도 돌아갈 수 없네.
검은 고양이 한 마리가 다가온다,
발톱을 날카롭게 세우고 눈을 이글거리며.
나무를 오른다, 점점 더 높이

불쌍한 새에 점점 가까이 온다.
새는 생각한다. 그러니까,
고양이가 나를 잡아먹을 테니
시간을 허비하지 말고
고운 소리로 지저귀어야지,
전처럼 신나게 짹짹거려야지.
새가 해학을 아는 것 같네.

- 빌헬름 부시

미움은 손실과 헛수고로서
삶에서 공제된다.
삶의 책에 영보다 큰 수로 적힌 것은
오직 사랑뿐.
우리에게 양수가 남을지
음수가 남을지는 결과가 보여준다.

- 빌헬름 부시

5부

주요 도피처

헬렌 켈러

불행이나 자신의 잘못에서 비롯된 정신적인 고통
은 이성이 치유할 수 없다. 지성이나 이성은 효과
가 적지만 시간은 약이 된다. 그러나 단호한 행동
은 모든 것을 고친다.

- 괴테

헬렌 켈러
Helen Adams Keller(1880~1968)

미국의 앨라배마주의 터스컴비아에서 출생했다. 흔히 그녀를 두고
'삼중고(三重苦)의 성녀'라고 부르기도 한다. 생후 19개월 때 열병을
앓은 후, 눈과 귀가 멀고 말을 못하는 장애자가 되었다. 7세 때부터
가정교사 A.M. 설리번에게 교육을 받고, 1900년에 하버드대학교 래
드클리프 칼리지에 입학하여, 세계 최초로 대학교육을 받은 맹·농아
자로 1904년 우등생으로 졸업하였다. 당시 마크 트웨인은 그녀에게
"삼중고를 안고 마음의 힘, 정신의 힘으로 오늘의 영예를 차지하고도
아직 여유가 있다"는 찬사를 보내기도 했다. 그녀의 노력과 정신력은
전세계 장애인들에게 희망을 주었고, 다양한 사회 활동으로 '빛의 천
사'로도 불렸다.

1906년 매사추세츠주 맹인구제과 위원에 임명되었고, 1924년부
터는 미국맹인협회에도 관계하였다. 또한 미국 전역과 해외 여러 나
라를 돌아다니며 신의 사랑과 섭리와 노력을 역설하여 맹·농아자의
교육, 사회복지시설의 개선을 위한 기금을 모아 맹·농아자를 위한 복
지사업에 크게 공헌하였다. 1937년에 한국을 방문한 바 있다.

주요 저서로 《나의 생애》(1902), 《암흑 속에서 벗어나》(1913),
《나의 종교》(1927), 《신앙의 권유》(1940) 등이 있다.

보지도 듣지도 말하지도 못하는 아이

나는 불가능한 일을 하려는 사람이 좋다.

- 괴테

1880년 미국 앨라배마주 터스컴비아의 퇴역 대위의 집에서 한 여자애가 태어났다. 그러나 그녀는 한 살 반이 되었을 때 뇌막염을 앓고 시각, 청각, 그리고 언어능력을 잃었다. 갑자기 영원한 침묵의 나락으로 떨어진 아이는 정신적인 공황상태에 빠졌다.

그녀는 마구 화를 터트림으로써 에너지를 발산했으며 무엇이든 잡히는 대로 바닥에 내던졌다. 부모는 안타까운 마음에 그녀를 내버려두었으며 아이는 온 집을 휘젓고 다녔다. 그러는 사이에 아이는 점점 동물과 비슷한 상태로 변했다.

1947년 평화주의자들이 위대한 인물 몇 사람에게 '세계시민' 칭호를 수여해 달라는 청원을 냈다. 이 칭호를 받은 사람에게는 지구상의 모든 나라로 갈 수 있는 권리가 주어졌다. 여기에 추천된 사람은 영국의 문인 버나드 쇼, 물리학자 아인슈타인, 음악가 토스카니니, 그리고 문필가이자 박애주의자인 헬렌 켈러였다. 평생토록 맹인 복지 사업을 펼친 헬렌 켈러는 마침 그때 미국 정부에 일본에 들어갈 수 있도록 허가를 신청한 상태였다. 일본은 그녀가 제2차 세계대전 전에 맹인복지회를 조직했던 곳이었다.

여자로서 최초로 인류 최고의 칭호를 받은 헬렌 컬러는 다름 아닌 저, 보고 듣지도 못하고 바보에 가까웠던 터스컴비아의 퇴역 대위의 딸이었다. 그녀의 전기는 끊임없이 솟는 샘물처럼 모든 인간에게 큰 위로를 준다.

헬렌이 일곱 살 때 설리번Anne Sullivan(1866-1936)이 가정교사로 들어온다. 설리번은 스물한 살로 그녀 역시 2년 동안 맹인으로 지낸 적이 있었으며 놀라운 열정과 인내, 그리고 감정이입 능력을 지니고 있었다. 처음부터 가정교사 일은 녹록치 않았다. 헬렌은 설리번이 무엇을 가르치든 저항했다. 예컨대 손가락으로 먹거나, 다른 사람의 접시 잡는 짓을 못하게 하면 발버둥을 치며 바닥에서 뒹굴고 소리를 질렀다. 냅킨을 접도록 하는 데만 한 시간이 걸렸다. 또 잠자리에 들게 하려면 두 시간씩 씨름을 벌여야 했다. 헬렌이 설리번을 방에 가두고 열쇠를 꽂아두어 설리반이 창문을 열고 사다리를 타고 내려와야 한 적도 있었다. 그러나 설리번은 포기하지 않았다. 그녀는 헬렌이 순종하는 법을 배우지 않으면 아무 것도 배울 수 없다고 믿고 있었다. 그녀는 헬렌의 부모를 설득해 작은 별채로 이사해 그곳에서 헬렌과 단 둘이 보름을 지냈다.

야생마 같던 헬렌이 조금씩 얌전한 아이로 바뀌었다. 설리번은 곧바로 헬렌의 언어교육에 착수했다. 그녀의 교육 방법은 특이했다. 그녀는 헬렌에게 아예 수업을 하지 않았다. 정상적인 아이들 역시 수업을 받지 않아도 흉내내며 조금씩 말을 배운다고 생각했던 것이다. 그녀가 헬렌에게 한 것도 비슷했다. 물론 헬렌에게 말하려는 것은 하나하나 손가락으로 그녀의 손바닥에 적어주어야 했다. 처음에는 그녀의 왼손에 인형 하나를 쥐어주고 오른손에 '이ㄴㅎㅕㅇ'이라고 써주었다. 그러면 헬렌이 그 단어를 설리반의 손에 써야 했고 맞으면 케이크 한 조각을 받았다. 처음에 그녀는 이 새로운 놀이가 무엇인지 모르고 했다. 설리번은 헬렌이 접촉하는 모든 것으로 범위를 넓혔다. 그뿐 아니라 이제는 손에 많은 문장을 적어주었으며 그러면 헬렌은 몇 마디라도 다시 알아볼 수 있었다. 4주 뒤 헬렌은 모든 것에 이름이 있다는 사실을 문득 깨달았다. 다음은 그녀의 회고담이다.

"이렇게 온갖 일들이 벌어진 날 저녁 나는 침대에 누워 내가 누린 기쁨을 되새겼는데 아마 나처럼 행복한 아이를 찾기란 쉽지 않을 거예요. 나는 처음으로 아침 해가 뜨기를 갈망했어요. 다음날 나는 요정처럼 환한 얼굴로 나는 듯이 돌아다녔어요. 한 물건에서 다른 물건으로 옮겨가며 그 명칭을 물어보았죠."

이제 진도가 빨라졌다. 헬렌은 점자로 읽고 쓰는 법을 배워 구할 수 있는 것은 다 구해 읽었다. 물론 처음에는 그녀가 세계를 이해하는 일방적 방식 때문에 많은 어려움이 나타났다. 할아버지가 죽었다는 말을 듣고 그녀는 "아빠가 쏘아 죽였어요? 내일 저녁밥으로 먹겠네요?"하고 물었다. 지금까지 그녀에게 '죽다'라는 개념은 오직 아버지가 잡은 사냥 동물과만 맥락이 맺어져 있었던 것이다.

그녀가 난생 처음 바다에서 목욕했을 때 그녀는 화를 내며 "도대체 누가 물속에 이렇게 많은 소금을 뿌렸지?"하고 물었다. 또 언젠가 산책길에 많은 언덕으로 둘러싸인 호수에 이르러 그녀에게 그곳 풍경을 설명해 주자 어린 헬렌은 "언덕들이 물에 비친 자신의 모습을 보려고 호수로 다가왔을 거야"하고 말했다.

2년 뒤, 그러니까 아홉 살이 되었을 때 그녀는 완벽하게 쓸 줄 알았다. 설리번은 지적 교육에 머물지 않고 헬렌에게 산책, 노 젓기, 돛배 타기, 수영, 뜨개질도 가르쳤다. 그러나 헬렌은 주로 지적인 일에 관심을 보였다. 그녀는 성격이 완전히 바뀌었다. 안절부절 못하고 신경질적인 성격은 온데간데없이 사라지고 사랑스럽고 차분한 아이로 변해 있었다.

다음은 그녀가 아홉 살 때 쓴 편지에서 따온 글이다.

"나는 사랑스러운 것들을 내 눈으로는 보지 못하지만 정신으로는 모두 볼 수 있어요. 그래서 나는 하루 내내 즐겁습니다."

미국에서는 개가 죽으면 그 주인에게 또다른 개를 사주기 위해 모금을 한다. 헬렌에게도 수천 달러가 모였지만 헬렌은 농아에 눈까지 먼 소년이 있다는 이야기를 듣고 그 돈을 그 소년의 교육에 써달라고 맡겼다.

그녀는 열 살이 되어 말하기를 배웠다. 한 손은 선생의 입술에 다른 손은 후두에 놓고 소리 내는 법을 배웠다. 그녀는 당시의 일을 다음과 같이 말한다.

"종종 촉각이 혼란을 일으켰어요. 그럴 때면 내가 맞는 소리를
낸다고 느낄 때까지 몇 시간이고 단어와 문장을 되풀이했습니
다. 내가 하는 일은 연습, 연습, 또 연습이었습니다. 싫증과 낙담
으로 주저앉은 적도 많지만 이내 곧 사랑하는 가족들과 함께
있게 된다는 생각에 힘을 얻었으며, 내 노력이 성과를 거둘 때
마다 즐거워하는 모습이 늘 눈에 선했어요."

또 그녀는 말하는 사람의 입술에 손을 대어 다른 사람의 말을
읽어내는 법을 배웠다. 시각과 청각을 잃은 대신 그녀의 감각은
특별히 예민했다. 그녀는 한 곳에 같이 있는 사람의 기분을 알아
챘다. 설리번과 손을 잡고 극장에 즐겨 갔는데 거기서 분위기의
변화를 뚜렷이 느꼈다. 심지어 다른 사람들이 눈으로 본 것보다
자신의 손끝으로 조각 작품의 아름다움을 세세히 알아볼 수 있
다고 생각했다.

그녀는 문 닫힌 세계로 들어가기 위해 온갖 수단을 다 썼다.
피아노 연주를 들으려고 손을 그 위에 올리고, 사자 몸에 손을
얹고서 그 울부짖음을 들었다. 달밤에 배 타는 것을 좋아했는
데 그녀 자신은 물에 비친 달빛을 느낀다고 생각했다.

열여덟 살 때 헬렌은 여자고등학교에 들어갔다. 설리번이
그녀 옆에 앉아 교사의 설명을 그녀 손에 적어주었다. 그녀는
몇 달 만에 독일어뿐 아니라 프랑스어, 라틴어, 그리스어까지
배웠다. 그리고 스무 살에 대학에 입학하여 스물네 살에 문학

사 학위를 취득했다. 같은 시기에 회고록을 펴냈으며 필생의
과업으로 여긴 맹아복지사업에 뛰어들었다.

그녀가 스스로도 주체할 수 없을 만큼 정신적 가치를 갈망
하는 마음으로 가득 차 있었다는 것은 헬렌 켈러로서 큰 행운
이었다.

> "문학은 나의 나라입니다. 여기서 나는 박탈된 권리가 없습니
> 다. 책은 사람처럼 피곤하거나 짜증낼 일이 결코 없습니다. 책
> 은 내가 알고 싶은 것은 무엇이든 다 말해줍니다."

하지만 그 나라로 가는 길은 고난의 길이었다. 다음은 대학
생 때 그녀가 쓴 글이다.

> "내가 책에 몰두해 상세한 것을 쫓다가 내 피가 끓는 날들이 있
> 다. 다른 친구들은 웃고 노래하고 춤이나 추는데 나는 책 몇 장
> (章)을 읽으려고 몇 시간이나 죽치고 있어야 한다고 생각하면
> 화가 난다. …… 하지만 나는 곧 평정을 되찾아 가슴에서 불만
> 을 내려놓는다. 어찌 되었든 영원에 이르려면 홀로 어려움이라
> 는 산을 올라야 한다. 내게는 정상으로 가는 곧고 넓은 길이 존
> 재하지 않기에 내게 정해진 구불구불한 오솔길을 걸어 그곳에
> 도달하려 할 수밖에 없다. 때로는 뒤로 미끄러지고 넘어지고 멈
> 춰서고 숨은 장애물의 모서리에 부딪히기도 한다. 기분이 상하
> 고 다시 좋아지면 더 꼭 붙잡는다. 계속 힘겹게 걸음을 옮긴다.

얼마쯤 나아가니 새로 기운이 솟는다. 더 열심히 점점 더 높은 곳으로 올라간다. 마침내 시야가 탁 트인다.”

열여섯 살밖에 안된 나이에 그녀는 어린 농아자들에게 이렇게 말했다.

“기운을 내세요! 오늘의 실패는 생각하지 말고 내일의 성공을 생각하세요. 여러분은 스스로 어려운 과제를 안고 있지만 인내가 있으면 자신의 목표를 이룰 것입니다. 어려움을 이겨내는 기쁨, 울퉁불퉁한 오솔길을 걷는 재미를 알게 될 겁니다. 길이 항상 평탄하고 순조롭기만 하다면 결코 누릴 수 없을 만족감이지요.”

그녀의 마음에 원망이 쌓인 적은 없었다. 한 번은 그녀에게 ‘사랑’을 정의해야 할 일이 생겼다. 이에 그녀는 “뭐, 그렇게 쉬운 것 가지고. 누구나 다른 사람에게 느끼는 것이 사랑이야” 하고 대답했다. 그녀를 아는 사람은 모두들 그녀의 명랑함을 칭찬하며-그녀의 선생 가운데 한 사람이 말한 것처럼-“용기와 의미가 같은 깊이 있는 유머”를 지니고 있다고 말한다. 그녀의 세계관은《낙관주의》란 책에 다음과 같이 서술되어 있다.

“대다수 사람들은 자신의 행복을 육체적인 건강과 물질적인 재산에 따라 판단한다. 행복을 그렇게 평가하면 나같이 보지도 듣지도 못하는 사람은 당연히 체념에 빠져 멀리 떨어져 앉아 울어야

할 것이다. 육체적 결함이 있는데도 지금 내가 행복하면, 그럼에
도 행복이 깊이 뿌리를 내리고 있으면, 한마디로 내가 낙관주의
자이면 낙관주의를 위한 증언은 들을만한 가치가 있는 것이다."

고통의 도피처

그냥 의자를 박차고 일어나거나 문 밖으로 나가서 뭔가 해라.
그러면 사람을 돌보는 좋은 운명이 보인다. 스스로 움직이고 다른
사람을 움직이게 할 때 여러 가지 좋은 일들이 일어난다.

-괴테

"행복의 철천지원수는 사건에 소극적으로 대하는 태도이다.
세상일에 항상 행동으로 대처하기 위해서는 불굴의 용맹과 조
심성이 필요하다"는 말은 고대 로마 후기 철학의 원칙 가운데
하나이다.

이 가르침은 날마다 시험해 볼 수 있다. 화가 나면 무슨 일
이든 바로 시작해 보아라. 무엇보다도 결과를 실감할 수 있는
일이 효과적이다. 서랍과 장, 어지럽게 널린 서류, 방을 정리해
보라. 곧 기분이 좋아질 것이다. 사람은 무엇보다 자신의 힘을
사용할 때 쾌감이 솟아난다. 당연히 최상의 능력, 즉 생식능력
을 발휘할 때 최고의 쾌감을 느낀다.

이렇게 활동을 하면 근심도 벗어날 수 있으며 그럴 기회가 없는 경우는 없다.

"바라보기만 해서는 결코 아는 사이가 되지 못한다. 그러나 행동 으로는 가능하다. 네가 해야 할 일을 해보면 무엇이 문제인지 바로 안다. 네가 할 일이 무엇인가? 그날이 요구하는 것이다."

- 괴테

완전히 부정적인 것은 독성이 있다. 근심에서 헤어나고 싶 으면 다른 것을 붙잡아야 한다. 고통에서 벗어나려면 도피처 를 찾아야 한다. 걱정에는 기분 풀이가 아니라 정신 집중, 다 시 말해 자신의 활동을 겨냥한 의지가 도움이 된다.

큰 불행이 닥쳤을 경우, 일상적인 일로 도피하는 것으로는 충분 하지 않다. 이때는 자연, 예술, 그리고 학문 같은 중요한 인간의 도피처가 도움이 된다. 자연의 치유력에 대해서는 포이히터스 레벤Ernst von Feuchtersleben(1806~1849. 오스트리아의 의사이자 철학자)의 영혼의 섭생법에 아주 잘 서술되어 있다.

"자연과 함께 지내면 우리가 인간의 힘에서 바라는 모든 것이
생긴다. 자연은 인간 전반에 영향을 준다. 그는 그럴싸하고 멋
진 신선한 형체들로 인간의 상상력을 채워준다. 그윽한 침묵과
더불어 불변의 사건들이 끊임없이 순환함으로써 우리가 생산
적인 균형을 유지하게 해준다. 그 아름다움은 사소한 걱정, 옹
졸한 우울증으로 생긴 주름을 우리 얼굴에서 몰아낸다. 그 위대
함은 우리가 우리를 벗어나게 해주어 우리의 느낌, 생각, 그리
고 욕망이 모두 함께 명상에 잠긴다. 그리하여 우리는 최고의
주재자에게 고양되는, 종교의 품으로 이끌린다. 그리고 깊은 이
해와 생생한 충만감이 찾아오는데, 인간이 도달할 수 있는 마지
막 최고의 경지이다."

자연에서 원기를 받지만 그것으로 진정되지 않는 사람들도 많다.
활엽수림의 살랑거리는 소리가 비록 근심걱정을 재우지 못하지만
홀로 고요한 물에는 별들이 비친다. 그런 사람들의 도피처는 정
신세계이다. 만족감을 다루는 법과 관련하여 쇼펜하우어는 이
세계의 의미에 대해 다음과 같이 말한다.

"수입의 필요성이 적은 나라가 가장 좋듯이 자신의 내적 자산
이 넉넉하고 그것을 유지하는 데 외부 도움이 거의 또는 전혀
필요하지 않은 사람 또한 마찬가지이다. 수입은 수송비가 많이
들며 남에게 매이고, 위험하고, 짜증나는 일도 생기니 자기 땅
에서 난 제품을 나쁜 것으로 교환하는 셈이다. 사람도 결국 혼
자인데 문제는 지금 홀로 있는 자가 누구냐는 것이다. ……

다른 이들의 생각과 노력은 온통 개인의 행복이라는 옹색한
이해관계에 맞춰져 있으며 온갖 곤경은 거기서 비롯된 것이다.
그렇기 때문에 이런 것을 목표로 한 일이 막히고 자신으로 귀
결되면 거친 열정 때문에 몇 번 꿈틀거리긴 하지만 지겨움에
사로잡힌다. 그러나 우월한 정신력을 갖춘 사람은 생각과 활기
가 넘치고 의미 있는 삶을 산다. 훌륭하고 재미있는 주제가 주
어지면 곧 거기에 몰두하며 내면에는 고상한 기쁨의 샘을 지니
고 있다. 그는 자연이 하는 일과 인간의 행위, 그리고 모든 시대
와 나라의 천재들이 이룬 다양한 업적에서 자극을 받는다. 사실
그만이 이 모든 것을 제대로 이해하고 느낄 수 있기에 또한 온
전히 즐길 수 있는 것이다.

그에게 저 위인들은 실제로 생존했던 존재이며 엄밀히 말해
그에게 말을 건 것은 그들이라 할 수 있다. 그러나 다른 사람들
은 우연히 지나가던 청중처럼 무엇이든 반밖에 이해하지 못한다.
…… 그 결과 훌륭한 사람은 사생활과 더불어 제2의 삶, 즉 지적
생활을 하며 이것은 점차 본래의 목적이 된다. 그러나 다른 사
람들은 무미하고 허무한 삶을 목표로 삼고 살 수밖에 없다.”

그러면 이 도피처로 이르는 길은 어떤 것이 있는가? 성향이
나 또는 젊은 시절의 교육에 의해 정신적인 재산의 욕구가 생
기지 않은 사람은 이 나라로 가는 오솔길을 친구의 손을 잡고
찾아갈 수밖에 없다.

교양은 단순한 지식 습득과는 전혀 다르다. 질문도 하지 않
았는데 거기에 대답을 하는 것은 무의미한 일이다. 정말로 공

부를 계속하려면 먼저 자기 안에 억제할 수 없는 궁금증이 일어야 한다. 이 욕구는 정신세계를 고향으로 타고난 사람들과 사귈 때에만 생긴다. 배우자, 선생, 또는 친구가 도와줄 수는 있는데, 그러기 위해서는 욕망을 달래기 전에 먼저 욕망을 불러일으켜야 한다.

문학의 소리, 자연의 속삭임이 들리지 않는 사람, 학문을 싫어하고 하느님 나라가 영원히 남의 나라인 사람이 불행에 처했을 때 도피처는 어디에 있을까? 인간을 특별한 목적을 지닌 업무의 규칙성에서 끄집어내 줄 일, 마음에서 우러난 일, 즉 취미가 바로 그곳이다.

남자들의 경우 취미가 없는 사람은 대개 지루한 사람이며, 융통성 없어지는 직업에 종사하지 않는 여자는 조금 다르다.

이 세상에는 수천 가지 취미가 있다. 우선 수집가가 있다. 온갖 것을 다 모은다. 식물, 돌, 나비, 딱정벌레, 박제된 새, 유화, 자수, 부식동판화, 마졸리카 도기, 사기그릇, 복제 그림, 고미술품, 주화, 우표, 신문광고, 초판본, 장서표, 친필 사인, 그림엽서, 여행 기념물, 광고문, 지팡이 등 끝이 없다.

여러 예술 분야를 열심히 찾아다니며 즐기는 사람들도 있다. 이들은 그림 그리기, 조각, 문학작품 쓰기, 음악 연주, 연극, 영화 제작과 사진 찍기로 여가를 보낸다. 흑장미든 호박 또는 열대어이든 토끼든 일반적으로 취미로 원예 활동을 하거나 동물을 키우는 사람들은 만족도가 높다.

학문도 취미로 할 수 있다. 내가 아는 변호사는 눈코 뜰 사이 없이 바쁘지만 그럼에도 없는 시간을 쪼개어 종교철학을 공부했으며, 은행지점장은 아리스토파네스를 원문으로 읽고 부동산 거부는 '지식 목록'을 작성했다. 그는 여기에 책이나 신문에서 읽은 것 가운데 특히 흥미로운 것을 적어놓고 솜씨 좋게 주해를 붙여 정리했다. 이렇게 새로 모은 지식을 지식의 보고에 새로 쌓을 때의 기쁨은 다른 사람이 취미로 박각시나방을 수집해 곤충표본에 바늘로 꽂을 때의 느낌과 같다.

자신을 위해 참으로 열정과 정성을 다한다면 스포츠도 좋은 취미가 될 수 있다. 인간에게 취미는 행복이 넘치는 샘 가운데 하나이다. 영어 단어 hobbyhorse(취미)는 목마라는 뜻도 있다. 승마할 때처럼 취미가 기사의 폭넓은 활약을 촉진할수록 말을 모는 기사는 더 신이 난다.

자신의 식물 채집 목록의 약점들을 메워줄 희귀 꽃나무를 찾으러 알프스로 떠나는 식물채집가의 뜨겁게 달궈진 마음을 상상해 보라! 마침내 방학 때 좋아하는 일을 할 시간이 생겨

아침 일찍 앞에 그림판을 세우는 기분이라니! 없는 시간을 내야 할 때 시간이 더 귀하게 느껴진다.

힘든 직업일수록 취미 활동으로 긴장을 풀어야 한다. 집에서 음악을 배우는 데서 위안을 찾는 의사들은 또 얼마나 많은지! 아주 신나게 볼링 놀이를 하는 사업가와 재판관들도 있고 아주 즐겁게 체스 놀이를 하는 성직자들도 있다. 기업가는 원료 조달과 노동자에 대한 걱정을 안고 집으로 돌아와 불을 켜고 수집한 동전들을 꺼낸다. 그러면 모든 우울한 기분이 걷힌다.

취미가 없는 사람을 보면 애처로운 생각이 든다. 그러나 개를 사냥에 이고 갈 수 없듯이 재미없는 사람을 열정적인 도락가(道樂家)로 만들 수는 없다. 그러나 평안한 시간에 다른 사람들이 즐기는 취미들을 하나씩 쭉 살펴보면 마음이 끌리는 취미를 하나쯤 찾아낼 수 있을 것이다.

수집은 종종 여행으로 이어진다. 여행하는 법, 즉 그 요령과 기법을 제대로 배운 사람에게는 그 여행이 또 다른 도피처가 될 것이다.

마음속에 안전 자산을 갖고 있다면
인생이란 드라마는 즐거워 보인다.
잘 살펴보았으니 기꺼이 아름다운 내 성전으로
돌아간다.

- 프리드리히 쉴러

예술, 자연, 학문, 취미보다도 더 멋진 도피처가 있다. 바로 사람들이다. 물론 모든 사람이 다 해당되진 않는다. 직종, 지역 주민, 국가 같은 공공 조직은 많은 저항과 폐해로 얼룩져 있어 거기서 얻는 위안은 매우 적다. 개인만이 우리에게 위안을 줄 수 있다.

우정과 사랑, 부부와 부모자식 관계가 가장 안전한 도피처이자 가장 확실한 위로의 샘이다. 이것은 우리에게 선물처럼 베풀어지는 것이 아니며 우리 스스로 챙겨야 한다. "우리가 의지하는 사람은 우리에게 의지할 곳을 준다"고 에브너 에셴바흐가 말했다. 오직 좋고 싫음에 대한 개인의 계산 원칙에 따라 살아온 사람은 혼인과 부모관계를 부채 쪽으로 분류할 것이다. 그럼으로써 인간적으로 정상상태라는 기반을 떠나는 것이다. 인간의 대차대조표는 본디 계산이 불가능하다.

중요한 도피처를 다루다 아주 간단한 것을 놓칠 수 있다. 잠이 바로 그렇다. 우리가 불행에 처했을 때 아주 간절히 원하지만 달아나는 것이 잠이다. 적은 양의 약을 제한적으로 써서 잠을 청하는 것은 많은 사람들이 생각하는 것만큼 위험하지 않다. 수면제나 수면 작용을 하는 술을 알맞게 복용하는 것은 몇 시간 동안 눈을 뜨고 누워있는 것보다 해롭지 않다.

간단한 요령을 쓰면 문제점을 보완할 수 있다. 우리는 대개 밤이 깊어가면 피곤해지지만 옷을 벗고 씻고 이를 닦는 과정을 치르며 다시 말똥말똥해진다. 그렇기 때문에 요령이 있는 사람은 저녁을 먹자마자 이 일을 마치고 잠옷과 실내복을 입고 저녁 시간을 보낸다. 그러다가 피로가 몰려오면 얼른 이불 속으로 들어가면 된다.

그러나 약을 복용하는 것은 보완책이 필요하며 가능하다면 지적인 방법으로 바꿔야 한다. 칸트는 후기의 저술에서 이렇게 말한다.

"불면은 노년의 결함이다. 나 역시 일 년 전부터 그런 이상과 과민을 느꼈다. 그러다 다른 사람들이 쓴 것을 보고 통풍에 의한 발작이라 생각하고 결국 그 방면의 의사를 찾아보았다. 그러나 잠을 제대로 자지 못할 것 같은 초조감이 들어 곧 스토아식 방법을 사용했다.

무엇이든 나와 직접 관계가 없는, 그러나 키케로처럼 소소한 이야깃거리가 이어질 수 있는 대상을 찾아내어 그 생각에 매달렸다. 이렇게 관심이 다른 데로 옮겨감으로써 곧 불안감은 무디어지고 졸음이 몰려들었다. 나는 밤에 이런 증상이 나타나 잠을 설칠 때마다 이 방법을 되풀이 해 좋은 효과를 보았다.

그러나 내가 느끼는 고통은 환상 통증이 아니었다. 다음날 아침이면 보란 듯이 왼쪽 발가락들이 새빨간 빛을 띠고 있었다. 나는 섭생법을 지나치게 거스르지 않는다면 통풍 증상은 물론 경련과 간질 발작, 그리고 불치 판정을 받은 족통풍이 새로 이상 증상을 보일 때마다 굳은 의지로 주의를 다른 데로 돌림으로써 고통을 막고 심지어 점차 좋아지게 할 수도 있다고 확신한다. 결단력이 없는 여자와 아이들은 제외하고 말이다."

칸트는 결단성만으로 효과를 보았지만 일반 사람들은 연습을 해야 그리 될 수 있을 것이다. 게다가 더 강한 수단이 필요할 지도 모른다. 생각을 근심에서 다른 데로 유도하는 것보다 즐거운 일로 끌고가는 것이 더 의미있다.

영혼을 붙들어 두지 못하기 때문에 세고 계산하는 것(Zählen)은 무의미하다. 이야기하기(Erzählen)가 더 좋은 방법이다. 속으로 다른 사람에게 자신이 살아온 이야기나 자기 직업에 대해 얘기하거나 머릿속에 가족사를 써보라. 늘 생각들이 어둡고 답답한 걱정 속으로 빠져들어 그때마다 불러내길 되풀이할 것이다. 그러다 마침내 50일째 밤에는 잠이 우리를 꿈나라로 데려갈 때까지 우리는 즐거운 주제만 생각하게 될 것이다.

당신을 위한 위로의 경구

조잘대는 길동무 가운데
누가 다정하게 내 곁에 붙어 있을까?
누가 변함없이 옆에서 날 위로해 주며
어두운 집까지 따라올까?
모든 상처를 고치는 그대,
조용하고 부드러운 우정의 손,
삶의 무거운 짐을 사랑으로 나누는 그대,
일찍이 그대를 찾아 발견했지.

일, 나와 기꺼이 짝을 이룬 그대
내 영혼에 폭풍을 부르네.
결코 싫증내지 않고
서두르지도 망가뜨리지도 않으며
영원의 건물을 짓네.
모래알 하나씩 건넬 뿐인데
시대의 대죄에서
분과 날과 해가 스러지네.

- 쉴러

단순한 도보여행은 너무 낮게 평가 받고 있다. 일상의 골짜기를 훌쩍 떠나 맑은 산 공기를 마시며 걷는 것보다 상쾌한 것은 없다. 산 공기뿐만 아니라 걸을 때 계속 사고의 전환이 이루어지며 바로 이 점이 중요하다. 그러나 너무 욕심 부리거나 무리하지 않도록 하라. 육체적으로 심한 피로 또한 짜증의 원천으로, 정신적 부담으로 이어진다. 그러나 우리는 정신적으로 홀가분해지길 바란다. 그밖에 적당한 산책만큼 소화 문제를 다스리는 데 효과적인 것도 없다. 소화가 잘 되게 하는 것이 짜증에 가장 좋은 치료법이다.

겨우 며칠 동안 여행을 다녀와도 완전한 기분 전환이 이루어지고 일과 생활에 즐거움이 솟는 것을 느낄 것이다. 그 전에는 며칠로는 부족하며 아무 소용이 없을 것이라고 생각했다. 그러나 다 내던지고 훌훌 떠나면 새로 태어난 느낌이 든다.

- 로츠키

4, 5주는 긴 시간이요. 더구나 그렇게 오랫동안 재미있는 사람을 만나길 기대하는 것은 일부러 꾸민 듯하고 바랄 수 없는 일이요. 스위스, 이탈리아, 파리를 봐야 하는데 아쉽소. 인간의 본질로 보아 기쁨을 주는 여행지는 다른 곳이오. 사람들이 없는 조용한 곳, 책, 초원에서의 저녁산책, 피서 - 바로 이런 것이오.

- 폰타네

도대체 내가 이 세상에서

좋아하는 게 있느냐고 물었는가?

그렇게 물으며 날 비웃는구나.

이보게, 여러 가지라네.

봄에 처음 보는 동물원의 새싹,

베르더에 벚꽃이 피는

성령강림절의 창포와 자작나무,

늙은 몰트케(독일의 장군, 원수), 늙은 황제,

뻐꾸기 울음소리, 숲속의 노루,

가로수길 산책,

사열식, 샤퍼(독일 조각가)의 괴테 머리

모차르트처럼 머리를 땋은 십대 소녀

- 폰타네

유령들이 돌아다니고 커튼이 괴물로 변할 것 같은 고요한 밤이면 숨어있던 부아도 기괴한 모습으로 바뀌어 외로운 사색가 위에서 발을 동동 구른다. 그러면 이 사색가도 상황을 예상하고 가끔 분노에 휩싸인다. 그는 이제 잠이 문제가 아니라는 것을 느낀다. 그러나 편안한 잠이 소화에 아주 도움이 된다는 것, 그리고 쓸개가 거친 분노 때문에 남용되어 소화에 방해된다는 사실은 거의 모른다. 그러나 깊이 잠이 들었다가 다음날 아침 깨어나 머리가 멍하고 몸이 부어 있는 것을 보면 안다.

  그렇지만 그런 생각에 사로잡혀 살 필요는 없다. 그런 것은 내버려둬도 된다. 다시 오면 다시 버린다. 어떤 생각은 제대로 내버리는 데 성공함으로써 차츰 '내가 생각하는' 것이 아니라 '내 안의 무엇이 생각한다'는 의식에 이른다. 나는 내가 원하는 생각을 하며 할 필요가 없는 생각, 유령의 탈을 쓴 부아가 억지로 시키려는 생각은 하지 않는다.

- 로츠키

6부

믿음

파울루스

우리는 일시적이고 가벼운 고난을 통해 영원하고 무한한 영광을 이룬다. 우리는 보이는 것이 아니라 보이지 않는 것을 바라본다.

- 파울루스

파울루스(바오로)
Paulus (10? ~ 67?)

길리기아의 다소에서 유대인으로 태어났다. 본명은 사울이다. 신약성서의 《사도행전》에 의하면 그는 그리스식 교육을 받고, 로마시민권을 가졌으며 저명한 율법학자 가믈리엘 밑에서 율법에 대해서 엄격한 교육을 받았다고 한다. 열렬한 바리사이파로서 그리스도 교도들을 잡으러 다니다가 신비로운 예수의 출현과 실명 상태를 경험한 다음, 그리스도의 가르침을 전하는 사도가 되었다.

여러 번에 걸친 전도 여행으로 로마에까지 그리스도교를 전파했으며, 옥에 갇히는 등 많은 시련을 겪으면서 '이방인의 사도'로서 사명을 다하였다. 그의 높은 학식 또한 더욱 빛을 발하여 그리스도교의 기초를 굳히는 데 크게 기여하였다. 로마인·고린토인·갈라디아인·에페소인·필립비인·골로사이인·데살로니카인·히브리인 등 전도 지역의 사람들과, 또 개인적으로 디모테오, 디도, 필레몬 등에게 조언과 충고를 적어 보냈는데, 그것이 13통의 서간(편지)으로서 신약성서에 수록되었다. 네로 황제의 박해 때 로마에서 순교하였다고 한다.

바오로는 그리스도교의 최대의 전도자였고, 또한 최대의 신학자였으며, 오늘의 그리스도교가 있게 한 그리스도교 형성에 가장 중추적인 역할을 한 인물이다. 그리스도교의 신학은 그에 의해서 틀이 잡혔으며, 후세에 끼친 영향은 헤아릴 수가 없다. 여러 서신 속에 전개된 그의 사상은 그리스도의 죽음과 부활의 신비를 중심으로 하고 있으며, 그리스도와 일치하여 살아야 할 우리 인간은 우선 죄지은 인간으로서 죽었다가 새로운 인간으로 태어나야 한다고 주장하고 몸소 그것을 실천하였다.

그리스도인의 박해자에서 그리스도의 사도로 거듭난 파울루스

> 우리는 고통을 당하면서도 기뻐합니다. 고통은 인내를 낳고 인내는 시련을 이겨내는 끈기를 낳고 그러한 끈기는 희망을 낳는다는 것을 우리는 알고 있습니다. 이 희망은 우리를 실망시키지 않습니다.
>
> - 파울루스

기원 후 몇 년이 되지 않은 해에 헬레니즘과 근동문화의 경계인 소아시아의 타르수스의 한 부자 유대인 집에 아들이 태어났다. 그는 사울이란 이름을 받았다. 그는 그곳에서 아버지가 하는 천막 짜는 일을, 예루살렘에서는 신학을 배웠다.

당시 그곳 거리에서는 종교적으로 논쟁하는 소리가 메아리쳤다. 예수의 추종자들은 참회할 것을 부르짖었으며 자신들을 유대교의 한 분파로 여겼다. 이들은 성서의 약속에 따라 선조들의 신앙을 쇄신하려고 했다. 율법에 충실한 바리사이 집안에서 성장한 타르수스 출신의 소년은 이 거지 같은 그리스도 교인들을 멸시했다. 십자가에서 치욕적인 죽음을 당한 범죄자를 유대인의 메시아라고 하는 것은 뻔뻔한 신성모독처럼 보였다.

그는 종교재판관이 되어 이들을 박해하는 데 앞장섰다. 이교도들의 습격, 협박, 채찍질과 고문이 자행되었으며 감옥은 그리스도인들로 가득했다. 최초의 순교자 스테판이 돌을 맞아 죽을 때도 사울은 피비린내 나는 행위를 지켜보았다. 스테판이 죽으며 "주님, 주님, 이 죄를 저 사람들에게 지우지 말아 주십시오!"하고 외친 말은 사울에게 해당되는 것이었다. 그리스도인들이 예루살렘에서 달아나자 사울은 국경을 넘어 그들을 뒤쫓았다.

어느 날 추적자들을 이끌고 수백 명의 그리스도인들이 피신한 다마스쿠스로 가는데 예수의 환영이 나타나 "사울아, 너는 왜 나를 박해하느냐?"하는 음성이 들려 왔다. 그리고 모든 민족들에게 주님을 알리라는 사명을 받는다.

다음날 그는 다마스쿠스의 유대인 회당에서 자신의 개종을 선언한다. 그러나 사람들은 이 갑작스러운 변화를 믿지 않는다. 그는 남몰래 다마스쿠스를 떠나야 했다. 그의 생애 최초의 도주였으며 수백 명이 그를 따랐다.

그는 예루살렘으로 돌아가지 않았다. 고문으로 생긴 상처가 미처 아물지 않은 사람들 속으로 갈 수야 없지 않은가? 그는 아랍 사막의 고독에서 제정신을 찾고 자신의 운명에 대해 곰곰이 생각했다. 주님께서 모든 민족들에게 나를 보내셨다? 그런데 유대인의 메시아는 예수가 아닌가? 유대인은 하느님에게 선택된 민족이 아닌가? 과연 모세의 법을 어기면서 예수를 따라도 되는가? 반드시 유대인이 아니어도 이교도가 그리스도인이 될 수 있는가? 주님의 가르침은 실제로 모든 민족들을 위한 것인가? 새 교리를 위해 한편으로는 유대인과 싸우고 다른 한편으로는 이교도들, 즉 온 세상을 상대로 싸우다 순교할 것이 뻔한데…….

3년이 지나 사울루스는 예수에게 받은 파울루스란 이름으로 다시 다마스쿠스에 나타나 유대인회당에서 설교했다. 그러다가 위험에 처했는데, 성벽에 붙어 있는 집으로 피신하였다가 몰래 광주리에 숨어서 빠져나와 간신히 목숨을 건질 수 있었다. 이런 실패에도 불구하고 그는 주눅이 들지 않고 예루살렘으로 가서 초대교회 사도들을 만났다.

그러나 대도시에서 헬레니즘의 자유로운 분위기에 익숙한 학구적인 인물에게 갈릴레이 출신의 순박한 어부들은 공감을 얻지 못했다. 정열가였던 파울루스는 과감하게 지금껏 조심스레 피해왔던 문제를 붙잡고 늘어졌다. 이교도는 그리스도인이 되기 전에 먼저 유대인이 되어야 하는가? 예루살렘에서는 이런 질문을 숫제 못들은 척했으며 그 문제로 이렇다 저렇다 하고 싶어하지 않았다.

얼마 뒤에 파울루스는 또다시 달아나야 했으며, 오랫동안 고향인 타르수스에서 조용히 숨어 지냈다. 아버지에게도 쫓겨난 그는 베 짜는 일을 하며 먹고 살았다. 그는 쉬지 않고 생각하며 갈망하였다. 어느덧 50대 문턱에 이르렀을 때 학교 친구인 바르나바스가 예수님의 말씀을 전하러 시리아의 수도인 안티오키아로 함께 가자고 권했다. 이로써 쉬지 않고 25년 동안 이어지는 복음 전파가 시작되었으며 알렉산더의 진군 방향을 거슬러 동쪽에서 헤라클레스 원주에 걸친 그의 활동은 죽을 때까지 이어졌다.

그가 첫 선교 여행지로 찾은 곳은 키프로스였다. 새 종교를 전교하는 행위가 금지되어 있는 곳이었다. 그곳에서 로마의 총독에게 체포되어 처형되지 않았을까? 그러나 전혀 그렇지 않았다. 총독 역시 그리스도인이었다. 그는 키프로스를 떠나 소아시아 남쪽에 있는 갈라디아로 갔다. 가는 도시마다 먼저 유대인 지역을 들어가 직조공 일을 찾았으며 안식일에는 회당에서 연설을 했다.

그러나 첫 도시에서 복음을 이방인들에게도 전파하겠다고 알리자 사람들은 소리를 지르며 로마제국 관청에 금지된 종교의 포교자로 그를 고발했다. 그는 채찍질을 당하고 도시에서 추방되었다. 이코니움에서도 채찍질을 당했으며 리스트라에서는 발길질과 돌멩이 세례를 받았다. 그러나 그는 전도를 계속하며 이리저리 돌아다녔다. 그러다 일 년 뒤 안티오키아로 돌아왔다.

돌아와서 보니 사람들 사이에 알력이 심했다. 예루살렘의 사도들은 이방인 그리스도인들을 인정하지 않았다. 먼저 유대인이 되어 할례를 받고 모세의 법을 지켜야지 그렇지 않으면 그리스도인이 될 수 없다는 것이었다.

파울루스는 곧장 예루살렘으로 달려갔다. 바야흐로 인류 운명의 주사위가 던져진 순간이었다. 타르수스 출신의 작고 평범하게 생긴 직조공 아들이 수천 년 동안 전통을 이어온 세계와 맞붙은 것이다. 이교도가 그리스도인이 될 수 있다면 유대인은 하느님의 백성이 아닌 것이다. 그러나 그는 베드로와 야곱의 마음을 사로잡았으며, 이들은 드디어 이교도 그리스도인을 인정했다. 이제 그리스도교는 유대교의 한 종파에서 벗어나 세계 종교의 길로 들어섰다.

파울루스는 두 번째 선교여행을 떠났다. 소아시아를 가로질러 유럽으로 갔다. 마케도니아의 필립비에서는 채찍질을 당하고 감옥에 갇혔으며 데살로니카에서는 그에게 덤벼들도록 선동된 군중을 피해 몸을 숨겼다. 아테네에서는 아레오파고스 언덕에서 '미지의 신'에 대해 설교했다. 그러나 부활 이야기에 이르자 폭소가 터져 말을 중단해야 했다.

그는 야유를 받고 물러났던 고린토에서 최초의 순수 이교도 그리스도인 교회를 세웠다. 그는 타락한 항구도시의 잡된 무리도 두려워하지 않고 설교했다. 여기서도 유대인들은 그를 로마재판정에 끌고갔지만 총독은 종교 문제로 시비에 말려들고 싶어하지 않았다. 파울루스는 안티오키아로 돌아갔다.

그러나 그는 바로 다음 해에 세 번째 여행을 떠났다. 이번에는 수천 킬로미터를 걸어 다이애나 신전이 있는 에페소까지 갔다. 그는 다시 감옥에 갇히기도 하고 야생동물들과 싸우기도 했다. 그는 《고린토인들에게 보낸 첫째 편지》에 다음과 같이 썼다.

> "내 생각에는 하느님께서 우리 사도들을 사형 선고를 받은 사람들처럼 여기시고, 그들 중에서도 맨 끝자리에 내세워 세상과 천사들과 뭇 사람의 구경거리가 되게 하신 것 같습니다. 우리는 그리스도를 위하여 바보가 되었고 여러분은 그리스도를 믿어 현명한 사람이 되었습니다. 우리는 약자이고 여러분은 강자입니다. 여러분은 명예를 누리고 있는데 우리는 멸시만 받습니다. 우리는 지금 이 시간에도 굶주리고 목마르고 헐벗고 매맞으며 집 없이 떠돌아 다니고 있습니다."

이렇게 한창 수난을 받고 있는데 예루살렘에서 보낸 사람들이 자신이 갈라디아에서 하고 있는 사업을 망치려 한다는 소식이 들렸다. 그는 거짓 사도이며 예수를 본 적이 없다는 것, 그는 엉터리 복음을 말하고 이교도들에게 할례를 해야 한다는 말을 하지 않으며 때로는 그리스인들에게, 때로는 유대인들의 비위를 맞춰 가능한 한 큰 무리를 모으려 한다는 것이었다.

파울루스는 《갈라디아인들에게 보낸 편지》에 쓴 것처럼 우렁차게 대답한다. "형제 여러분, 하느님께서는 자유를 주시려고 여러분을 부르셨습니다."

그는 에페소에서 더 머물 수가 없어 트로아스로 갔는데 고린도 교구 선동자들이 그의 고통과 궁핍을 들어 그가 참된 사도가 아니라고 주장한다는 소식이 들렸다. 열정이 넘치는, 고린도 인들에게 보낸 편지에서 그는 자신의 박해를 전교사업의 찬미로 바꿔놓는다.

> "미친 사람의 말 같겠지만 사실 나는 그리스도의 일꾼으로서는 그들보다 낫습니다. 나는 그들보다 수고를 더 많이 했고 감옥에도 더 많이 갇혔고 매는 수도 없이 맞았고 죽을 뻔한 일도 여러 번 있습니다. 유다인들에게 사십에서 하나를 감한 매를 다섯 번이나 맞았고 몽둥이로 맞은 것이 세 번, 돌에 맞아 죽을 뻔한 것이 한 번, 파선을 당한 것이 세 번이고 밤낮 하루를 꼬박 바다에서 표류한 일도 있습니다.
>
> 자주 여행을 하면서 강물의 위험, 강도의 위험, 동족의 위험, 이방인의 위험, 도시의 위험, 광야의 위험, 바다의 위험, 가짜 교우의 위험 등 온갖 위험을 다 겪었습니다. 그리고 노동과 고역에 시달렸고 수없는 밤을 뜬눈으로 새웠고 주리고 목말랐으며, 여러 번 굶고 추위에 떨며 헐벗은 일도 있었습니다.
>
> 이런 일들을 제쳐놓고라도 나는 매일같이 여러 교회들에 대

한 걱정에 짓눌려서 고통을 당하고 있습니다. 어떤 교우가 허약
해지면 내 마음이 같이 아프지 않겠습니까? 어떤 교우가 죄에
빠지면 내 마음이 애타지 않겠습니까? 내가 구태여 자랑을 해
야 한다면 내 약점을 자랑하겠습니다."

그는 다시 고린도로 갔다. 그리고 떠난 지 5년 만에 예루살렘으
로 돌아왔다.

사람들이 그에게 위험하니 유대교의 중심으로 들어가지 말
라고 충고했다. 처음에는 아무 일도 없는 듯 싶었으나 성전 한
가운데에 이르자 갑자기 군중들이 그에게 욕설을 퍼부으며 덤
벼들었다. 그는 맞아죽기 전에 로마군에 체포되었고 그를 채
찍질하고 고문하라는 명령이 내려졌다.

그러자 파울루스는 처음으로 자신이 로마시민권자임을 내
세웠다. 고문은 취소되고 로마총독이 거주하는 항구도시 가이
사리아로 호송되었다. 그는 그곳에서 2년 동안 감옥살이를 했
으며 그의 청원에 따라 로마로 보내졌다. 당시의 모든 로마시
민들은 황제에게 직접 하소연할 수 있었던 것이다.

그러나 어느 폭풍이 몰아치는 밤에 그가 탄 배가 멜리데 섬
(현재 이름은 몰타)의 해안에 좌초했다. 파울루스는 뭍으로 헤엄쳐
갔다. 몇 달 뒤에 죄수 호송이 계속되었다. 로마에 도착해 그
는 다시 한 해 동안 감옥에 갇혀 재판을 기다려야 했다. 그러

다 갑자기 풀려났다.

파울루스는 다시 교구를 찾아다녔다. 크레타 섬에 교회를 세우고는 다시 에페소와 마케도니아로 갔다가 로마로 돌아왔다. 그는 다시 체포되어 춥고 습기 찬 지하감옥에 갇혀 지냈다. 그는 두 차례 심문 끝에 결국 사형선고를 받고 참수되었다.

당신을 위한 위로의 경구

"내 생각은 너희 생각과 같지 않다. 나의 길은 너희 길과
같지 않다." 야훼의 말씀이시다.

- 이사야서

시련을 견뎌내는 사람은 행복합니다. 시련을 이겨낸 사람
은 생명의 월계관을 받을 것입니다. 그 월계관은 하느님께서
당신을 사랑하는 사람들에게 주시겠다고 약속하신 것입니다.

- 야고보의 편지

무슨 일이나 사람을 섬긴다는 생각으로 하지 말고 주님을
섬기듯이 정성껏 하십시오.

- 파울루스

명장은 고통 중에 자신의 진실한 모습을
가슴에, 영혼에 새긴다.
이 몸을 빚은 이,
이제 고통의 길에
앞날의 창조자가 되시려는 구나.

고통은 우리의 정신을 가다듬어

영혼이 이 세상의 인상으로
사라지지 않게 한다.
가장 깊은 방에서
마음의 질서를 지켜주시는
천사가 아니신가.

- 카를 프리드리히 하르트만

오직 하느님이 모든 것을 주재하시도록 하고
내내 그분을 기다리는 사람은
모든 고난과 슬픈 일에
귀한 보살핌을 받을 것이다.
그지없이 높으신 분, 하느님을 믿는 사람은
모레 위 집을 지은 것이 아니다.

깊이 시름에 잠긴들 무슨 소용이며
아 하는 신음소리가 무슨 도움이 된단 말인가?
우리가 매일 아침
신세 한탄하면 뭐하나?
슬픔으로는 우리의 고난과 고통을
더 크게 만들 뿐이다.

뜨거운 시련 속에서 하느님께,
품안에서 항상 행복과 함께 식사하시는 분께
버림받았다고 생각하지 말라.

어두운 시간이 지나면 많은 것이 변한다.
그러니 각자 목표를 정하라.
하느님께는
손바닥 뒤집기나 다름없으며
아주 높으신 분에게는 모든 것이 마찬가지다.
부자를 보잘것없고 가난한 자로 만들거나
가난한 자를 큰 부자로 만드는 것이나.
하느님은 정말 신기하신 분
들어 올리실 줄도, 떨어뜨리실 줄도 아신다.
노래하고 기도하고 하느님 길을 걸으며
네가 할 일을 충실히 하라.
하늘의 풍성한 은혜를 믿으면
네게 내려올 것이다.
하느님을 굳게 믿는 사람을
버리지 않으신다.

- 게오르크 노이마르크

내 마음을 진정시켜 주소서,
햇빛이 쬘 때 걸으시는 왕이시여.
울면서 길에 서있는
내 갈망을 채워주소서.

정상이 아닌 미친 소원을
이루어주소서.

모든 간절한 생각들이
졸린 아이처럼 자게 해주소서.

꿈에 제게 말해주소서,
너는 의로운 사람이다,
내일 의심을 뒤적이는 물음에
승리를 거둔다고.

수없이 거미줄을 치는
응어리를 모두 풀어주소서.
아버지, 탕아를
다시 받아주소서.

- 구스타브 쉴러

삶은 신앙이 아니라 믿음이 깊어지는 과정이다. 건강이 아니라 건강해지는 것이며, 본성이 아니라 형성이며, 쉼이 아니라 익힘이다. 우리는 아직 그런 상태가 아니지만 그렇게 될 것이다. 아직 그렇게 하지 않았지만 곧 진행되어 활기를 띨 것이다. 아직 끝나지 않고 진행중이다. 아직 활활 달아오르지 않았다. 그러나 모든 것이 순리대로 될 것이다.

- 루터

세계와 인간 역사에서 비롯한 가장 우선적이고 심오한 주
제는 믿음과 불신의 갈등이다. 어떤 형태로든 신앙이 세를 잡
은 시대에는 현세와 후세에 찬란한 빛을 주고 정신이 고양되
고 많은 열매를 맺는다. 그러나 어떤 형태로든 불신앙이 간발
의 차로 우세한 시대에는 한때 화려한 빛을 뽐내다가 후세가
오기 전에 사라져 버린다. 아무도 헛된 것을 배우려고 고생하
려 하지 않기 때문이다.

- 괴테

그대, 아주 잘 살려면
죽음을 즐겨 생각해요.
신들이 주신 것을
날마다 선물처럼 받아들여요.

반드시 최후가 온다는 생각에
익숙해지도록 해요.
의기소침하지 말고
지금 삶을 즐거움으로 바꿔요.

쓸데없이 미워하며
더 이상 시간을 허비하지 말아요.
더 알차게 기쁨을 누리고
이것저것 걱정하지 말아요.

시간의 고귀함과 신성함을
제자리에 모시면
모든 시간이 새로
감사하는 마음이 솟는 샘이 될 거요.

- 폰타네

종종 비탄에 잠긴 밤에 고통스레
오른손을 뻗으면
갑자기 그쪽에서도 오른 손이 나와
내 손을 꽉 쥐는 것을 느꼈다.
하느님이 어떤 존재이신지는 영원히
누구도 알아낼 수 없지만
그분은 언제나 한결같이
우리와 한편이 되고 싶어 하시네.

- 콘라트 페르디난트 마이어